『百物語《ひゃくものがたり》　さらやしき』

葛飾北斎が描いた『百物語』５作品のひとつ。秘蔵の皿の１枚を割ったために、主の折檻を受けて自害したというお菊。その亡霊が皿を数える様を大胆な発想で描いている。（葛飾北斎筆／島根県立美術館）

『百鬼《ひゃっき》夜行図《やぎょうず》』

様々な器物から着想を得た妖怪たちが行進する『百鬼夜行図』。

（東京国立博物館所蔵／DNP アートコミュニケーションズ提供）

『新富座妖怪引幕《しんとみざようかいひきまく》』

縦4メートル、横17メートルに及ぶ巨大な引幕で、明治期を代表する歌舞伎劇場「新富座」に贈られた。市川団十郎をろくろ首、5代尾上菊五郎を姑獲鳥と、当代の人気役者13人を妖怪に見立てている。（河鍋暁斎筆／早稲田大学図書館所蔵）

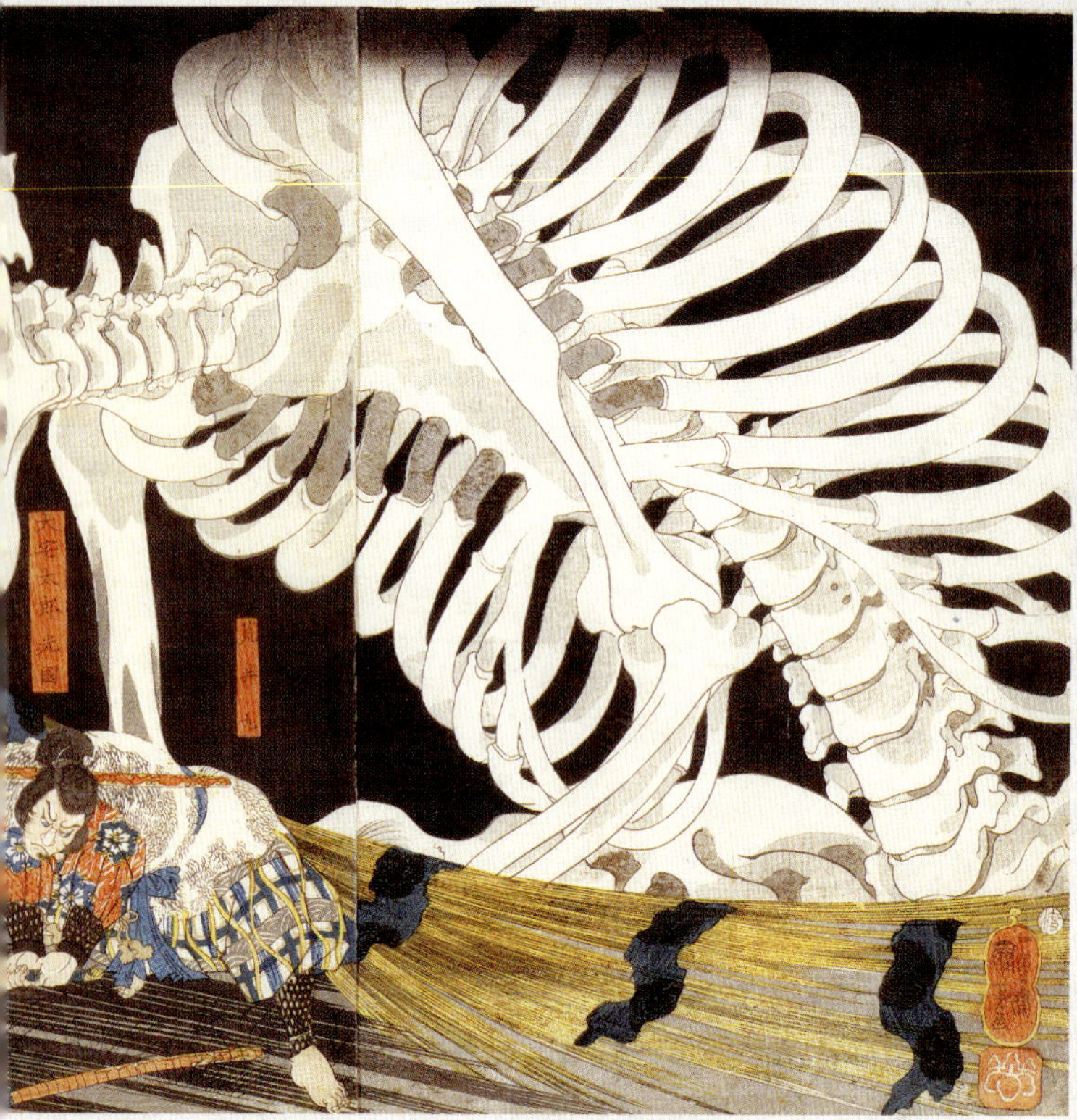
大宅太郎光国

林屋正蔵工夫の怪談
百物語化物屋敷の図

『相馬《そうま》の古内裏《ふるだいり》』

平将門が下総国猿島郡に築いた内裏跡を訪れた大宅太郎光国が、将門の遺児滝夜叉姫と対決するという、山東京伝の読本『善知安方忠義伝』の一場面に歌川国芳が着想を得て描いた作品。背後に現われた骸骨は一度目にしたら忘れることのできない迫力を持つ。
（歌川国芳筆／千葉市美術館所蔵）

『百物語《ひゃくものがたり》化物《ばけもの》屋敷《やしき》の図《ず》』

化物屋敷に乗り込んだ人々が、妖怪たちに驚かされる様子を描いた作品。左上に「林屋正蔵工夫の怪談」とあるように、噺家・林屋正蔵の怪談がモチーフとなっている。
（歌川国芳筆／東京国立博物館所蔵／DNPアートコミュニケーションズ提供）

**『新形三十六怪撰《しんけいさんじゅうろっかいせん》
源《みなもとの》 頼光《よりみつ》土蜘蛛《つちぐも》ヲ切《き》ル図《ず》』**

病み上がりの源頼光を襲う土蜘蛛の怨霊を描いた月岡芳年の作品。
（月岡芳年筆／国立国会図書館所蔵）

『幽霊図《ゆうれいず》』

円山応挙が描いたといわれる『幽霊図』は、山岡鉄舟開基の全生庵に伝わる三遊亭圓朝遺愛の幽霊画コレクションのひとつ。
（円山応挙筆／全生庵所蔵）

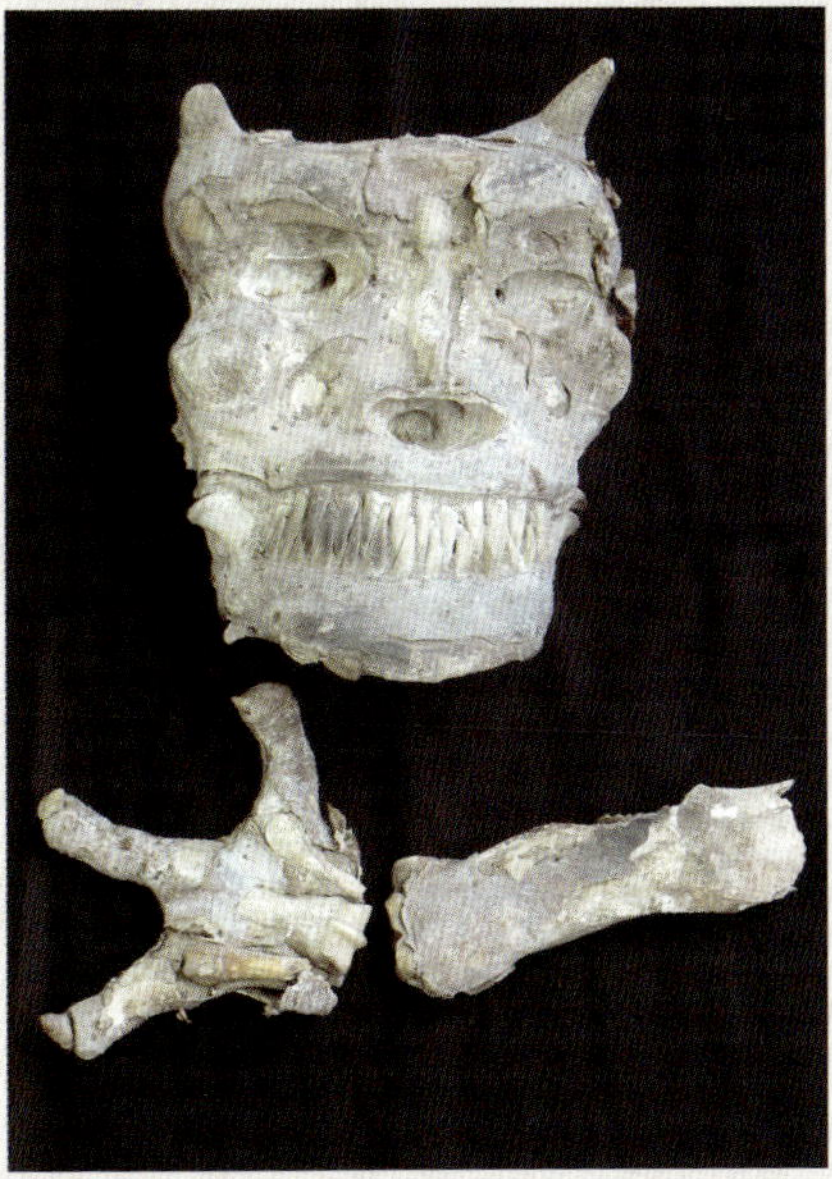

鬼《おに》のミイラ

渡辺綱の鬼退治にまつわる伝説が残る宮城県柴田郡村田町の商家の蔵から発見された、鬼の頭と腕のミイラ。（村田町歴史みらい館所蔵）

なまはげ

秋田県男鹿市と三種町、潟上市の一部の各家々で、大晦日に行なわれる伝統的民俗行事で、国の重要無形民俗文化財。鬼は家の主人に迎え入れられると、「泣く子はいないか、親の言いつけを守らぬ子はいないか」などとわめき散らし、子供たちを震え上がらせる。

（箕輪正／アフロ）

僧正ヶ谷《そうじょうがたに》

遮那王（のちの源義経）を鍛えた天狗、僧正坊が住むといわれる鞍馬山の僧正ヶ谷。（首藤光一／アフロ）

河童淵《かっぱぶち》

雨の日によく姿を現わしたという河童の伝説が残る岩手県遠野市の河童淵。（広瀬フォトオフィス／アフロ）

図説

そんなルーツがあったのか！

妖怪の日本地図

志村有弘［監修］

青春新書
INTELLIGENCE

はじめに

　私たちは幼いときから、妖怪《ようかい》を身近な存在として認識して参りました。私の場合、むしろ妖怪なるものに親しみを覚えていたようにも思うのです。

　幼いころから怖《こわ》い話が好きでした。幽霊《ゆうれい》や妖怪に強く心惹《ひ》かれるようになり、長じては、いつのまにか妖獣鵺《ようじゅうぬえ》や鬼女《きじょ》である橋姫《はしひめ》、安達《あだち》ヶ原《はら》の鬼婆《おにばば》ゆかりの地などを探訪するようになってゆきました。

　鬼は確かに恐ろしい存在に違いないのですが、必ずしも人に害ばかりをなすものではないらしいのです。大江山《おおえやま》の酒呑童子《しゅてんどうじ》は、源頼光《みなもとのよりみつ》に退治されるとき、「鬼に横道《おうどう》なきものを」と叫びます。鬼に横道はない。つまり道に外《はず》れたことはしない、ということです。

　瘤取爺《こぶとりじじい》の話で有名な鬼は、芸能を好み、上手に踊ったお爺さんの瘤を、全く苦痛を与えずに取っているのですから、外科手術（？）を心得た異能の〈モノ〉であったらしいのです。

　『百鬼夜行図《ひゃっきやぎょうず》』に描かれている鬼は、さまざまな姿をしております。これは真夜中、妖怪たちが行列を作って歩くのですが、妖怪が群《むれ》をなして歩く日は夜行日《やぎょうび》といって決まっていたようです。その日、昔の人は外出を控えたといいます。

ところで、瘤取爺が見た鬼たちは「百人ばかり」（『宇治拾遺物語《うじしゅういものがたり》』）いたといいます。百鬼夜行にも「百」の文字が付きます。江戸時代に百物語という遊びが流行しました。怖い話を百話するのですが、一話が終わるごとに蝋燭《ろうそく》の芯《しん》を一本ずつ抜いて行くのです。百話が終わり、最後の芯が抜かれて暗闇《くらやみ》になったとき、必ず怪奇現象が起こるといいます。日本人はこのような遊びを好んでいたのです。

神社に行きますと、古木《こぼく》に注連縄《しめなわ》が巻かれているのを見ることがあります。それと似ているのですが、百年が経過した古い物には霊が宿ると考えられました。こうした考えから付喪神《つくもがみ》という妖怪が生まれてきました。

おびただしく数が多いという意味であるのかもしれませんが、百鬼夜行、「百人ばかり」の鬼、百物語……と、なぜか妖怪や恐怖譚《きょうふたん》には「百」の文字が付いて回ります。

本書は、妖怪とは何かという定義に始まり、さまざまな妖怪たちに納得のゆく解説を加え、一つの楽しい〈妖怪地図〉を作り得ていると自負しております。本書によって、妖怪が皆様と一層親しい間柄になると確信しております。

二〇一三年暑い夜

志村有弘しるす

第二章 祟る！
―人々にとり憑き不幸をもたらす妖怪たち―

第三章
襲う！
―闇の世界より人々に迫る妖怪たち―

第四章 悪戯する！ ―人々に悪さをしては喜ぶ妖怪たち―

第五章 助ける！ ―人々と深く交わり恩恵をもたらす妖怪たち―

長壁姫　姫路城の天守閣に住み城を守る貴姫の妖怪　134
アマビコ　自分の絵を持たせて除難を予言する「天響」　138
姑獲鳥　出産で命を落とした無念が妄執となった妊婦の霊　140
赤舌　村々の水争いを解決した赤い舌を持つ巨大な水神　142
山童　食べ物と引き換えに仕事を手伝うひとつ目の山人　144
マヨヒガ　訪れる者に富と幸福をもたらす山中の隠れ里　146
獏　寝ている間に悪夢を喰らう瑞獣　150

第六章

驚かす！

―突如現われ人々を恐怖に陥れる妖怪たち―

怪火　山中に、古戦場に、墓場に現われる正体不明の炎　154
付喪神　妖怪になれないままに捨てられた古道具の妖怪　158

狐　敬われながらも怪異の原因とされた神の遣い　162
狸　人を化かし欺くもなぜか憎めない愛嬌のある妖獣　166
化け猫　二股の尾を持ち人を喰らう怪猫伝説　170
ぬっぺっぽう　目鼻のない顔で人を驚かす妖怪　172
ろくろ首　寝ている間に首が身体を離れ現世を彷徨う女の妖怪　176
見越し入道　人の背後に現われてはみるみる巨大化する入道　178
ひとつ目小僧　修行僧たちの怠慢を戒めて回る高僧の化身　180
山本五郎左衛門　勇気ある少年を襲い続けた妖怪たちの親玉　182
ぬらりひょん　ぬらりくらりとつかみどころのない妖怪　186

こらむ
妖怪研究家　民俗学の発展とともに研究が進められた妖怪　20

カバー写真提供：東京国立博物館『百鬼夜行図』
本文写真提供：中寺／学文寺苅萱堂保存会／諏訪神社／平田神社／村田町歴史みらい館／早稲田大学演劇博物館／川崎市民ミュージアム／国立国会図書館／笛吹市役所／三次市教育委員会／熊本県庁
本文デザイン・DTP：ハッシィ

序章

日本人と妖怪

妖怪とは何か

日本人が怖れ崇めた怪異の正体

森羅万象の不思議を形象した妖怪

鬼《おに》、河童《かっぱ》、山姥《やまうば》、天狗《てんぐ》——。

古来、日本人は多種多様な妖怪《ようかい》を生み出してきた。それらは想像の産物とも幻獣《げんじゅう》ともいわれるが、「鬼」の初見《しょけん》は、七三三（天平《てんぴょう》五）年に成立した『出雲国風土記《いずものくにふどき》』にあるというから、妖怪は一三〇〇年近くの時を超えて語り継がれてきたのである。

妖怪とは、人間とは異なる異形《いぎょう》の姿をしており、人にはない不思議な力を持っている。恐怖の対象、邪悪《じゃあく》な存在とみなされ、怪異《かいい》現象、厄災《やくさい》を人間にもたらす霊的存在ともみなされている。

民俗学者・柳田國男《やなぎたくにお》は妖怪を「神々が零落《れいらく》した存在」と位置づけた。信仰が衰退した結果、見捨てられた神々のなれの果てだと捉《とら》えたのである。神々の荒《あら》ぶる一面が表面化して妖怪になったともいえるが、それだけですべてを説明できるわけではない。

妖怪をひと言で表わすと、「得体《えたい》の知れない不可思議な現象の答え」といえよう。古代、世の中には不思議な出来事が多すぎた。そこで、自然現象、怪異現象など、人知《じんち》を越えた不思議な事件を妖怪の仕業《しわざ》として理解しようとしたのである。

現象の正体が不明なほど恐ろしいことはない。相手が分からなければ、漠然《ばくぜん》とした不安がつきまとい、恐怖だけがかきたてられる。人々が恐怖を克服するためには、まずその正体を自明《じめい》のものとにしなければならなかった。

その「何か」とは自然現象など外的なものだけではない。執《しゅう》念《ねん》、嫉妬《しっと》、恨《うら》みといった人間の内に宿るものでもあった。

人がコントロールできない心の現象もまた得体の知れない存在であり、人々はそれを神として捉えると同時に、神とは異なる存在として妖怪を生み出した。

人々は、外的、内的な未知なる不安、恐怖を妖怪として既知《きち》することで、ひとまず安心し、その恐怖と向き合う手段を得たのである。

古代社会に潜む闇の正体とは

古代の日本は物理的、社会的に今よりも「闇《やみ》」が多かった。

そこから私たちの世界とは異なる異界の存在が考え出された。

柳田國男は、決まった場所に出現し、相手を選ばないという点を妖怪の特徴に挙げている。妖怪すべてが明確に区別できるわけではないが、妖怪の出現場所としては、確かに橋、淵《ふち》、辻《つじ》、坂、墓地、村境、神社など、境界の主要場所に現われる場合が多い。

これらは、単に生活圏の境であるのみならず、妖怪の住む異界と人の住む世界との境界と考えられたため、妖怪の出現場所とみなされたのであろう。

また、現在のような照明がなかった時代、夜の闇も異空間であった。人々は、闇に魍《もう》魎《りょう》の跳《ちょう》梁《りょう》する姿を想像したのである。

さらに、科学的な説明がつかなかった疫病や災害も妖怪の仕業と捉えた。それでしか怒りや悲しみのやり場がなかったのであろう。

こうして生命を与えられた妖怪たちは、伝承の中で、さらに大きな存在となっていった。

妖怪を祀り崇めて恩恵を享受した古代人

人々が未知なる者に妖怪という形を与えたのは、森羅万象《しんらばんしょう》すべてに霊魂が宿っているという神道《しんとう》の観念とも無縁ではない。

妖怪の正体は捨てられた道具や狐狸《こり》、怨念《おんねん》など様々であり、逆に言えばあらゆるものが妖怪になりうる存在であった。

人々は妖怪を退治する一方、時には祀《まつ》り、恩恵《おんけい》を得ようとした。

それゆえ、恵みの神だけでなく、疫病《えきびょう》などの悪神であっても祀ることで鎮《しず》めた。

祀ることで、疫病をもたらす妖怪から疫病を鎮める神への転化を願ったのである。

そのためにも得体の知れない恐怖を妖怪として形象化する必要があった。

人間の恐怖が生み出した妖怪たちは、我々に対し、「恐怖」を与えると同時に、「恩恵」も与えてくれる存在なのである。

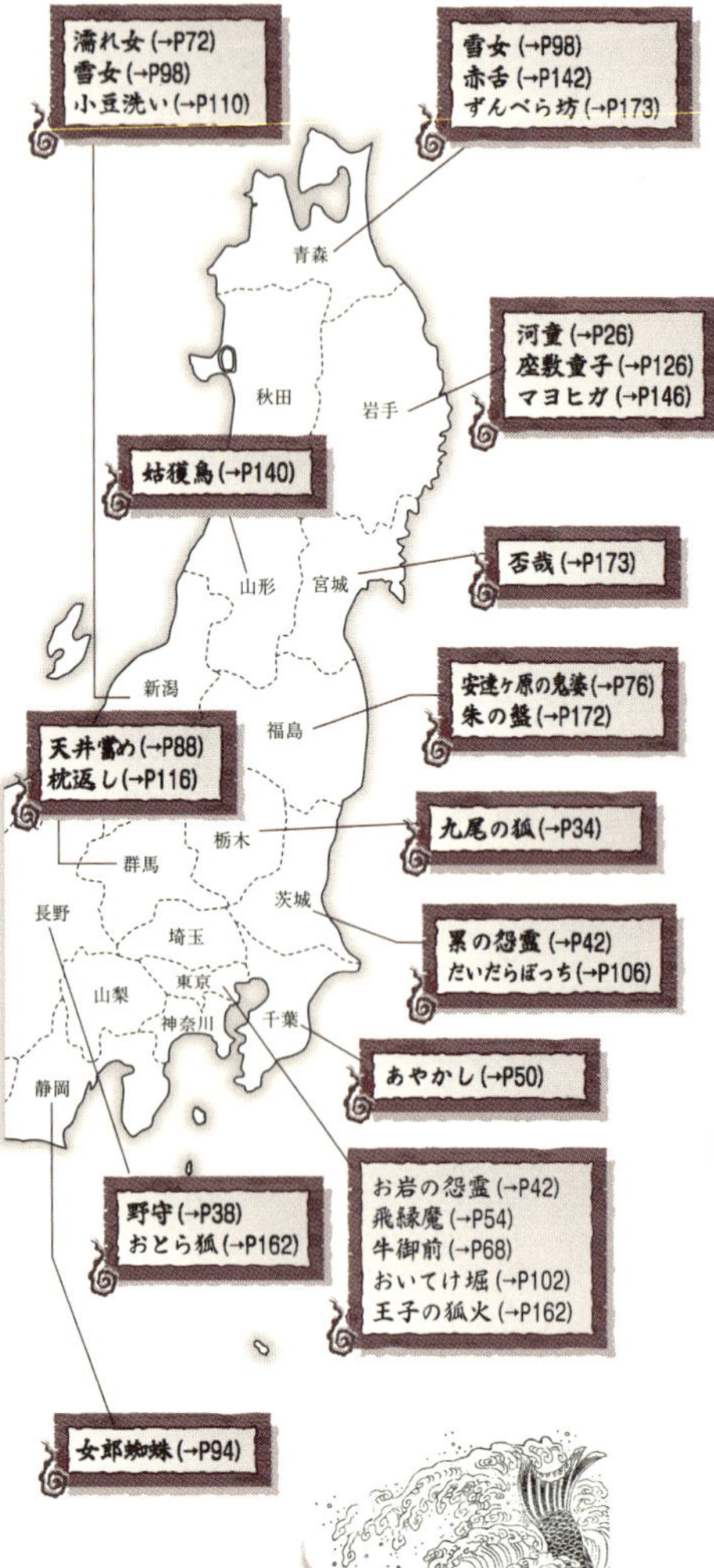

濡れ女(→P72)
雪女(→P98)
小豆洗い(→P110)
雪女(→P98)
赤舌(→P142)
ずんべら坊(→P173)
青森
河童(→P26)
座敷童子(→P126)
マヨヒガ(→P146)
秋田
岩手
姑獲鳥(→P140)
否哉(→P173)
山形
宮城
新潟
安達ヶ原の鬼婆(→P76)
朱の盤(→P172)
福島
天井嘗め(→P88)
枕返し(→P116)
九尾の狐(→P34)
栃木
群馬
茨城
累の怨霊(→P42)
だいだらぼっち(→P106)
長野
埼玉
東京
山梨
神奈川
千葉
あやかし(→P50)
静岡
野守(→P38)
おとら狐(→P162)
お岩の怨霊(→P42)
飛縁魔(→P54)
牛御前(→P68)
おいてけ堀(→P102)
王子の狐火(→P162)
女郎蜘蛛(→P94)

沖縄

雪女

日本の妖怪地図 — 日本全国に伝わるあやかしたちの伝承

雪女 (→P98)
北海道
ろくろ首 (→P176)
カマイタチ(→P114)
人魚 (→P46)
羅城門の鬼 (→P22)
酒呑童子 (→P22)
鞍馬山の天狗 (→P30)
鵺 (→P82)
輪入道 (→P86)
朧車 (→P86)
橋姫 (→P130)
付喪神 (→P158)
ヤマタノオロチ (→P38)
恙虫 (→P68)
牛鬼 (→P74)
火車 (→P84)
長壁姫 (→P134)
山本五郎左衛門 (→P182)
人魚 (→P46)
塗り壁 (→P120)
アマビコ (→P138)
油ずまし (→P122)
山童 (→P144)
不知火 (→P154)
ノツゴ (→P120)
金長狸 (→P166)
海坊主 (→P64)
清姫 (→P72)
鉄鼠 (→P90)
油赤子 (→P122)
ひとつ目小僧 (→P180)
牛鬼 (→P74)
ぬらりひょん (→P186)
天邪鬼 (→P118)
七人みさき (→P56)
富山
石川
福井
岐阜
鳥取
島根
京都
兵庫
滋賀
愛知
岡山
広島
大阪
三重
山口
香川
奈良
徳島
和歌山
愛媛
高知
福岡
佐賀
大分
長崎
熊本
宮崎
鹿児島

こらむ

民俗学の発展とともに研究が進められた妖怪 ——妖怪研究家

平田篤胤から始まった妖怪研究

平安の頃より世に現われた妖怪《ようかい》たちを初めて本格的に研究し、妖怪研究の基礎を築いたのは、江戸時代の国学者・平田篤胤《ひらたあつたね》である。その後、明治時代の井上円了《いのうええんりょう》、南方熊楠《みなかたくまぐす》、柳田國男《やなぎたくにお》らによって、妖怪研究は様々な形で発展を遂げていった。

平田篤胤は、国学者・本居宣長《もとおりのりなが》に傾倒し、その学派に入門した。のちに神秘主義に走り、国学を宗教化した人物である。また、その集大成として平田神道を設立したことでも知られている。

篤胤は幽界《ゆうかい》の解明にも心血を注ぎ、周到な聞き取り調査を行なった。怪童《かいどう》として知られた仙童寅吉《せんどうとらきち》の聞き取り談を『仙境異聞《せんきょういぶん》』としてまとめたが、学問的なアプローチを見せた本として妖怪研究に大きな足跡を残すものとなった。

篤胤はその後も前世《ぜんせ》を記憶した少年を調査した『勝五郎再生記《かつごろうさいせいき》聞《ぶん》』や広島県三次《みよし》の妖怪物語『稲生物怪録《いのうもののけろく》』を編集するなど、妖怪の研究に取り組んだ。それらの著作がのちの妖怪学研究の指標となり、礎《いしずえ》となったといえる。

明治時代に入り、妖怪博士として名を馳《は》せたのが東洋大学の創始者としても知られる井上円了である。彼は近代妖怪学の開祖と呼ばれるほど、膨大な文献を蒐集し、日本各地の津々浦々《つつうらうら》で現地調査や講演を行なった。それらを数々の著書にまとめ、『妖怪学講義』という大著を著した。

だが、彼は妖怪学研究者として特異な存在であった。というのも、彼は迷信打破を唱える宗教改革家であり、妖怪を否定する立場をとっていたのである。この観点が、妖怪研究を進歩させていったのは皮肉なことといえよう。

現代に妖怪を蘇らせた巨匠たち

そんな円了に批判的な立場をとったのが南方熊楠であり、大正、昭和期の柳田國男である。

生物学者、民俗学者である南方熊楠は、イギリスへ留学したことが大きな転機となった。留学先で得た知識を活かして、グローバルな視点から民俗学、および、妖怪学に歴史的観点のアプローチを加えたことで知られている。

『遠野物語《とおのものがたり》』で名高い民俗学者・柳田國男も、井上円了に徹頭徹尾《てっとうてつび》反対の意見を唱えた。柳田自身、少年時代に「神隠《かみかく》し」に遭うなどの不思議体験をしたことが妖怪への関心に繋がったようだ。

一九〇八（明治四一）年には、岩手県遠野市出身の佐々木喜善《ささきぜん》から遠野に伝わる怪異譚の数々を聞き、のちに『遠野物語』を著した。

第一章

五大妖怪伝説！

—日本を代表する妖怪たち—

鬼《おに》

都の闇を跋扈し、やがて葬られた「まつろわぬ者」

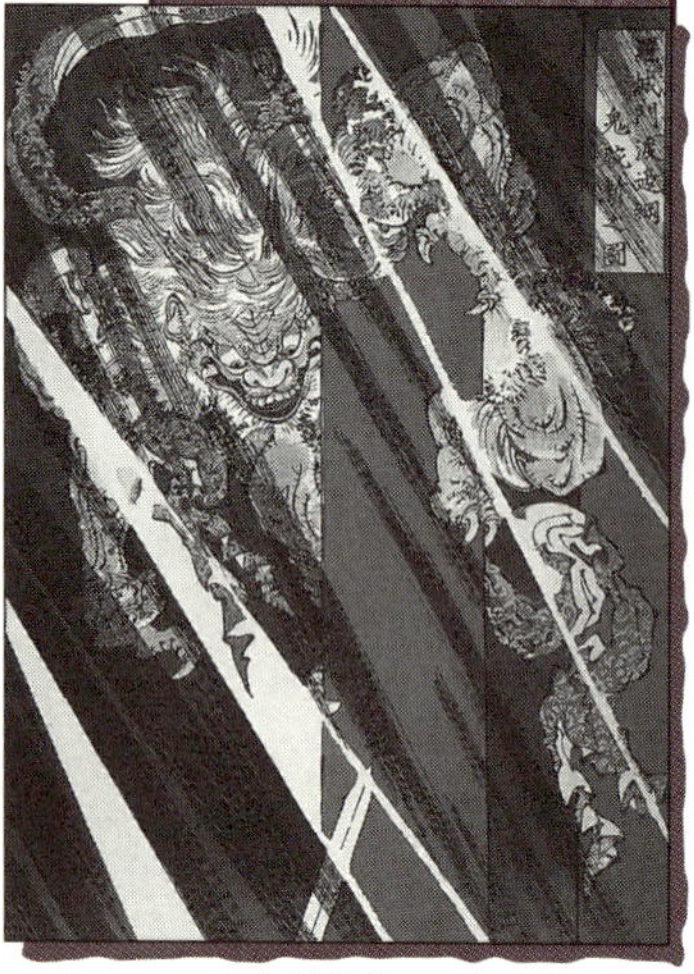

羅城門に現われた鬼

姿を隠した鬼と姿を現わした鬼

鬼《おに》――。一般に身《み》の丈《たけ》三メートルを超える巨体で、頭には一本もしくは二本の角《つの》が生え、鋭い牙《きば》を持ち、時に人を喰《く》らうという。こうした鬼のイメージが定着したのは一二世紀頃といわれ、それまで鬼の姿は時代とともに変遷してきた。

その登場は古く、七三三（天平《てんぴょう》五）年に成立した『出雲国風土記《いずものくにふどき》』には、鬼の目はひとつで、人を喰らうという記述が見られる。また、七二〇（養老《ようろう》四）年に撰上《せんじょう》された『日本書紀《にほんしょき》』には、斉明《さいめい》天皇の葬儀の様子を山の頂から鬼が見ていたという記事がある。

各地の鬼伝説

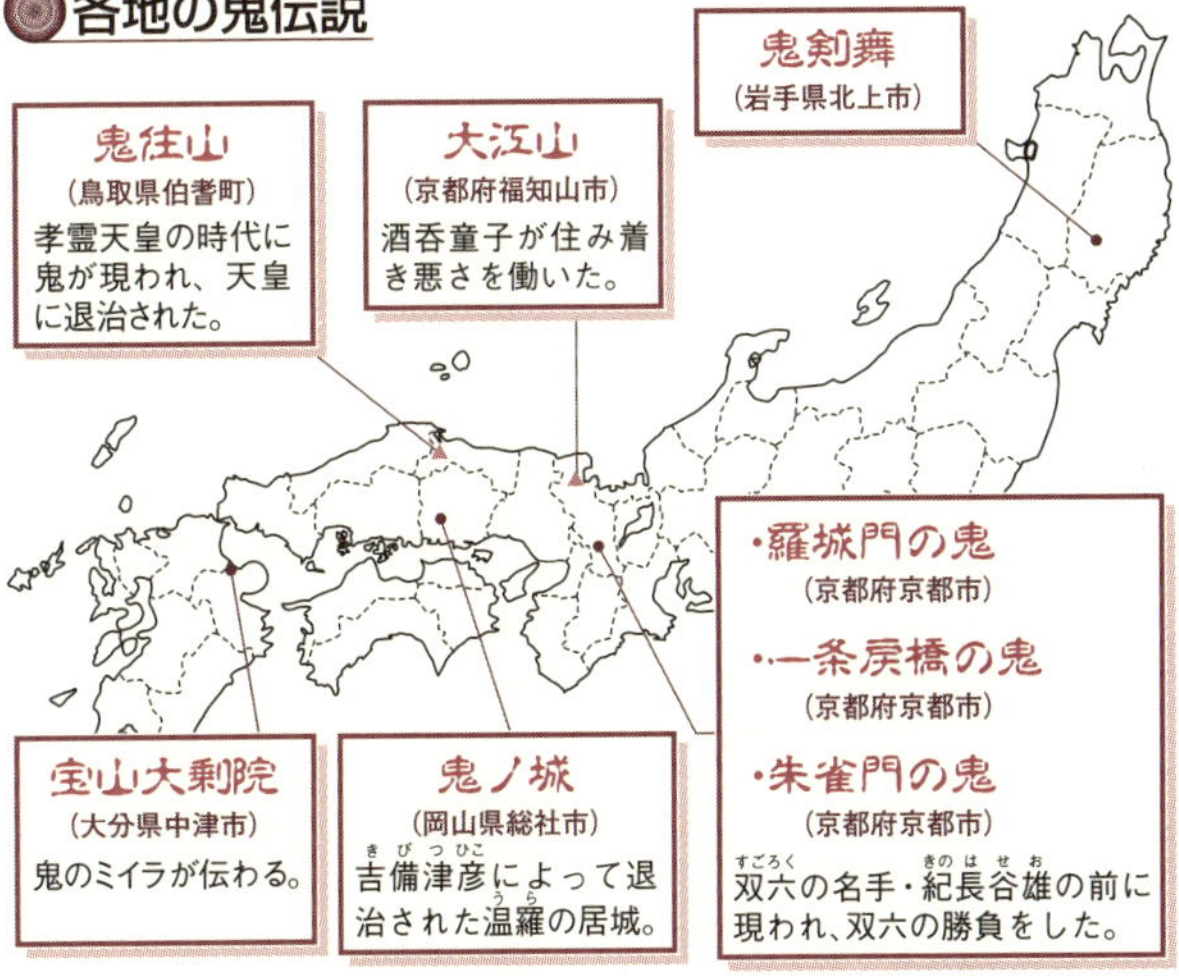
鬼剣舞
（岩手県北上市）
鬼住山
（鳥取県伯耆町）
孝霊天皇の時代に鬼が現われ、天皇に退治された。
大江山
（京都府福知山市）
酒呑童子が住み着き悪さを働いた。
・羅城門の鬼
（京都府京都市）
・一条戻橋の鬼
（京都府京都市）
・朱雀門の鬼
（京都府京都市）
双六《すごろく》の名手・紀長谷雄《きのはせお》の前に現われ、双六の勝負をした。
宝山大剰院
（大分県中津市）
鬼のミイラが伝わる。
鬼ノ城
（岡山県総社市）
吉備津彦《きびつひこ》によって退治された温羅《うら》の居城。

しかし、これらふたつは稀《まれ》な例に過ぎない。

そもそも「鬼」という名称は、『倭名鈔《わみょうしょう》』によれば、隠れるという意の「隠《おん》」に由来するとされ、本来、人の前には姿を現わさないのが本質だったようだ。

鬼を見た人間は喰い殺されるため、目撃証言が残らない。住処《すみか》も山奥や遠い島などとされていたから、鬼は気配《けはい》と、人が喰いちらかされた痕跡《こんせき》のみによって存在していたのだ。

百瀬明治《ももせめいじ》は姿を現わさない鬼の背景を、当時の宮中での権力闘争に求めている。権力闘争には陰惨《いんさん》な暗殺事件がつきまとう。藤原《ふじわら》氏が権力を掌握《しょうあく》していく時代に、権力闘争の中で起こった暗殺事件を、姿の見えない鬼の手によるものと片づけた側面もあるという。

羅城門の鬼と酒呑童子

その藤原氏が権力の頂点に立つ頃には、姿を隠していた鬼がたびたび人前に姿を現わすようになる。なかでも有名なのが、羅城門《らじょうもん》の鬼や、大江山《おおえやま》の酒呑童子《しゅてんどうじ》であろう。

平安時代、平安京《へいあんきょう》の正門にあたる羅城門にしばしば鬼が出没し、人を喰らうという噂が立った。

剛勇《ごうゆう》で知られた武士・渡辺綱《わたなべのつな》は鬼の存在を確かめるべく、雨の降る夜に羅城門を訪れた。ひとりの女が綱に近づいてきたが、その女の正体こそ鬼であった。綱は襟首《えりくび》をつかまれ、空中へ引きずり上げられた。綱がとっさに鬼の腕を斬り払うと、鬼はうなり声とともに姿を消した。

数日後、養母に化身《けしん》した鬼が綱の屋敷を訪れ、腕を奪い返すや、たちまち正体を現わして、飛び去っていったという。

類似した話が『源平盛衰記《げんぺいじょうすいき》』にあり、こちらでは一条堀川《いちじょうほりかわ》の戻橋《もどりばし》での話とされている。

酒呑童子は大江山の山中に棲息《せいそく》した鬼の集団の頭領《とうりょう》である。大江山に住まう鬼たちが、夜な夜な洛中《らくちゅう》に現われては貴族の姫君をさらうなどしていた。帝《みかど》から鬼退治を命じられた源頼光《みなもとのよりみつ》は、渡辺綱ら武勇に長《た》けた四天王を従えて大江山へ向かう。途中、鬼が飲め

中国の鬼と日本の鬼

中国の鬼

鬼は死者の霊魂を意味し、目に見える存在ではない。生者に福をもたらす鬼もいる一方で、天寿を全うすることができずに横死した人間の鬼は、生者に対して祟りをなすとして恐れられた。

↓

日本の鬼

人間に危害を加える想像上の妖怪で、身の丈３メートル以上の筋骨隆々とした大男。赤や黒といった肌をしており、毛むくじゃらで頭に１本ないし２本の角を生やす。大きな口からは鋭い牙が生え出る。

ば毒になるという神便鬼毒酒《じんべんきどくしゅ》を手に入れ、山《やま》伏《ぶし》に変装して酒呑童子の根城に潜入。酒呑童子が酔いつぶれたすきに首を切り落とした。

　酒呑童子は首になってもなお、頼光に向かってきたが、鉄の兜《かぶと》に守られて事なきを得たという。こうして頼光らは、めでたく姫君らを救い出すことに成功した。

　摂関《せっかん》政治の時代、一部の権力者が政権を独占した結果、体制から排除された者たちが、盗賊や山賊など無頼《ぶらい》の徒《と》となり、「鬼」と位置付けられていったとみられる。

　こうした「鬼」たちは、まつろわぬ者とみなされ、葬られる存在となった。酒呑童子はその端的な例であり、王権の拡張が鬼退治伝説を伴って伝えられたのである。

河童《かっぱ》

人馬を川に引きずり込み尻子玉を抜く水辺の妖怪

いたずら好きの妖怪・河童

各地に伝わる河童の伝説

水辺《みずべ》の妖怪として知られる河童《かっぱ》は、全国各地に様々な呼び名で流布《るふ》している。カワッパ、カワランベ、セコ、エンコ、河太郎《かわたろう》など各地の呼び名をあげればきりがないが、関東地方の方言、カワッパが語源となったようだ。姿形も、水かきを持つ水生動物というのが一般的だが、すっぽんの形をしたものや、人間の赤ん坊のようなもの、河童のシンボルともいえる頭の皿がないものなど多種多様だ。

このように呼び名や姿はまちまちであるものの、なぜかキュウリと相撲《すもう》が好きで、人を

全国の主な河童伝説と河童の方言

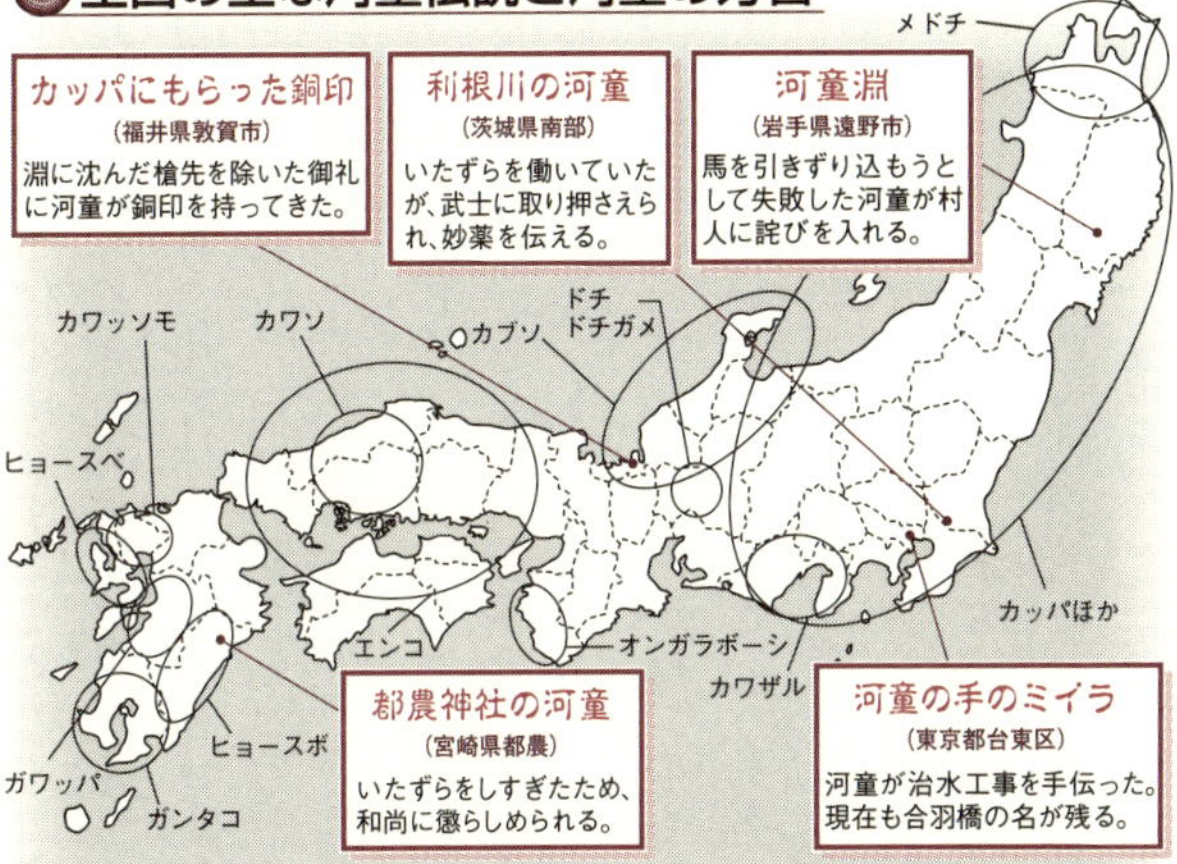
メドチ
カッパにもらった銅印
（福井県敦賀市）
淵に沈んだ槍先を除いた御礼に河童が銅印を持ってきた。
利根川の河童
（茨城県南部）
いたずらを働いていたが、武士に取り押さえられ、妙薬を伝える。
河童淵
（岩手県遠野市）
馬を引きずり込もうとして失敗した河童が村人に詫びを入れる。
カワッソモ
カワソ
カブソ
ドチ
ドチガメ
ヒョースベ
エンコ
オンガラボーシ
カッパほか
カワザル
都農神社の河童
（宮崎県都農）
いたずらをしすぎたため、和尚に懲らしめられる。
河童の手のミイラ
（東京都台東区）
河童が治水工事を手伝った。現在も合羽橋の名が残る。
ヒョースボ
ガワッパ
ガンタコ

河童は水辺における恐怖の対象である一方、人間に詫びを入れたり、人間の作業を手伝ったりする伝説も多く、身近な妖怪として考えられていた。

水中に引きずり込んでは尻子玉《しりこだま》（魂）を抜くという共通性も見られる。

その起源については草人形に由来するとする説、零落《れいらく》した水神とする説、アジア大陸からの伝来説など、諸説がある。いずれにしても、河童は水の神様と深い関係にあったようだ。

怖れられながらも親しまれた水のあやかし

いくつかの河童伝説を見てみよう。

河童伝説は民俗学者・柳田國男《やなぎたくにお》の『遠野《とおの》物語《ものがたり》』にも収録されており、馬を水中に引きずり込もうとして失敗し、村人に詫《わ》び証文を書いた話が有名だ。同著では、河童の子を生んだという話も見える。当時、河童の子を生んだという伝説は各地に流布していたが、これは密通《みっつう》事件を隠蔽《いんぺい》するための口実であったともいわれている。

岐阜のガワイロは、子供に化けて出ては人に相撲を挑む。また頭の皿には毒があり、その毒が流された川で泳ぐと人の身体が粘りついて陸に上がれず、そこをガワイロに狙われ、肛門《こうもん》をとられるという。肛門をとるという話は河童伝説に多いが、水死体の肛門が開いていたことから連想されたようだ。

関東の河童伝説として知られるのは利根川《とねがわ》のネネコ。馬を水中に引きずり込んだり、キュウリ畑を荒らしたり、子供の尻子玉を抜いたりといたずらを働いていた。ある日、馬を引きずり込もうとしたネネコは、武士に押さえつけられ、切り傷に効く妙薬の秘伝を教えて許された。こうした妙薬を持つのも河童によく見られる特質である。

また、力自慢の白藤源太《しらふじげんた》という若者と河童が利根川で相撲をとり合うことになった。初めは甘く見ていた源太も河童の強力《ごうりき》によって川の中へ引きずり込まれそうになり、本気を出して河童を放り投げた。河童は頭を打って皿を割ってしまい、姿を消したという。

宮崎県都農《つの》には、いたずら好きの河童と和尚《おしょう》の対決伝説が残る。和尚が経文《きょうもん》を川に流すといたずら三昧《ざんまい》の河童も封じ込められ、ついに音をあげた。和尚は、河童を一度は許したものの、再度、悪事を働いた際には、祈祷《きとう》をし、豆を投げつけて河童を封じ込めている。

河童に出会う！
ー河童淵ー

昔、この地にいた河童が馬を引きずり込もうとしたところ、失敗し、村人に捕らえられた。河童は詫び証文を書いて、川に返されたという。裏手の常堅《じょうけん》寺《じ》には河童狛犬《こまいぬ》があり、これは、かつて常堅寺が火災に見舞われたとき、消火を手伝ってくれた河童が変化したものといわれている。

（岩手県遠野市土淵町）

ただし、河童伝説も恐怖のみに彩《いろど》られた内容ばかりではない。なかには田植えの仕事を手伝ったり、田の水を引いたり、失敗して村人に詫び証文を書く話もある。

東京都台東区にある合羽橋《かっぱばし》には、人間に助けられた河童が橋をかける工事を手伝ったという伝承がある。

また、山口県の秋芳洞《あきよしどう》には僧侶の雨乞《あまご》いを助けた河童の伝説が残り、大分には和尚の講話を聞いて悟《さと》りを開いた河童が、池を掘ると火事にならないという話を伝えたという逸話《いつわ》も残る。

人が生きるために欠かせない水と密接な関係にある河童は、人間とも深い関係を保ってきた。そんな河童の実在を信じる人は多く、今も目撃情報が絶えない。

天狗《てんぐ》

修験道と結びついた霊山の主が引き起こす怪現象

威厳ある天狗の姿

怪現象の正体は山の主の天狗

赤い顔と高い鼻に、羽団扇《はうちわ》を持った天狗《てんぐ》は、空を自由自在に飛び回り、不思議な験力《げんりき》と強靭《きょうじん》な体力を誇る。そして、不浄《ふじょう》を忌《い》み嫌う、山伏の姿をした魔物である。

そんな天狗は山との結びつきが強い。日本では、古来、山を神聖視し、神が宿る場所と考えてきた。大和朝廷《やまとちょうてい》初期の大王《だいおう》たちは、三輪山《みわやま》の祭祀《さいし》を担《にな》い、また、人々は秀麗《しゅうれい》な形をした山を神奈備《かんなび》として信仰してきた。

その一方、奥深い山中には人知れぬ何かが住み着いているような雰囲気があった。そう

四十八大天狗にまつわる主な霊山

比叡山法性坊《ひえいざんほうせいぼう》
横川覚海坊《よこかわかくかいぼう》
鞍馬山僧正坊《くらまやまそうじょうぼう》
愛宕山太郎坊《あたごやまたろうぼう》
※詳細不明もあり。

修験道と天狗が結びつけられるなかで、日本各地の霊山には天狗が住むようになり、愛宕山太郎坊を頂点とした天狗の世界が構築されていった。

した山に対する崇敬《すうけい》と畏怖《いふ》の念が山岳宗教の修験道《しゅげんどう》を生み、やがて天狗と結びついたのだ。

修験道の開祖の役小角《えんのおづぬ》は、七世紀末に山岳で修行し、数々の行力《ぎょうりき》を得たとされる。彼は空を飛び、水中を歩くなどの術を心得ていたといわれ、自然を自由に駆け巡る様はまさに天狗さながらである。

鳥取県の三徳山《みとくさん》には、役小角が投げ入れたという伝説の投入堂《なげいれどう》が今も残っている。お堂は中腹の絶壁にはめ込まれており、どうやって建てたのか説明がつかない。天狗の仕業《しわざ》というべきものだろう。

現在でも、山では平地に見られない不思議な現象が数多く起こる。科学的な解明が成されない当時、人々はそれを天狗の仕業とみなすことで納得してきた。そのため、夜の山中に石が飛んでくる天狗礫《つぶて》、十数人もの高笑いが聞こえる天狗笑いなどがささやかれた。天狗の神隠《かみかく》しが行なわれた記録も残る。

全国に広まった山伏天狗

修験道の発展は数々の霊山《れいざん》を生み出した。だが霊山が増えると、それぞれの霊山は、ほかの霊山と差別化を図るため、山を代表する個性的な象徴を必要とした。その時注目されたのが摩訶不思議な力を持ち、山中に住まうとされた天狗だったのである。

鎌倉時代には、山伏と結びついて山伏天狗として知られるようになる。異形の姿で呪《じゅ》力《りょく》を使う山伏はまさに天狗の遣いにも見えた。山伏としても天狗の持つイメージを借りることは権威づけのためにも都合がよく、いわば実体の見えない天狗が山伏によって生命力を与えられたのである。

やがて霊山には様々な天狗が登場するようになる。愛宕山太郎坊《あたごやまたろうぼう》を筆頭に、比良山次郎《ひらやまじろう》坊《ぼう》、高野山三郎坊《こうやさんさぶろうぼう》など「四十八大天狗」が誕生した。

これらの天狗伝説のなかでも有名なのは、遮那王《しゃなおう》と名乗っていた牛若丸《うしわかまる》こと、のちの源　義《みなもとのよし》経《つね》が、鞍馬寺《くらまでら》で天狗から武術と兵法を教えられたことだろう。その修行の成果が五条の橋での弁慶《べんけい》との立ち回り、平家《へいけ》との戦いでの八艘飛《はっそうと》びといった人間業とは思えない活躍につながったとされている。

　また、福岡県の英彦山《ひこさん》には日本八大天狗のひとり彦山大天狗豊前坊《ぶぜんぼう》がいたが、ここには天狗倒しの怪なるものが伝えられている。

天狗が起こす怪現象

天狗憑《つ》き	突然軽業師のような動きを見せるなど、常軌を逸した身体能力を発揮したとき、天狗が取り憑いたものとされた。
天狗礫《つぶて》	山中で突然小石や砂が降ってくる現象。人々はこれを天狗のせいにした。
天狗隠し	子供や若者が突然行方不明となり、しばらくして戻ってきて、天狗にさらわれ、各地を案内してもらったという事件。各地に報告例が見られる。
天狗倒し	山中でどこからともなく木を伐る音や、大木が倒れる音が聞こえてくる。だが、音のしたあたりに行っても実際は何もない。
天狗笑い	山中で突然高笑いが聞こえてくる現象。
天狗囃子《ばやし》	静岡県の掛川などで報告された事例。山中から太鼓や笛の音が聞こえてくる現象。
天狗火	山に突然火が現われ、数百にも分かれて飛行する。また海にも現われて、呼ぶと目の前にやって来る。

　月の美しい夜であっても、突然嵐が巻き起こり、雨と礫が打ちつけて、樹木がみるみるうちになぎ倒される。するとどこからともなく大勢の哄笑《こうしょう》する声が響き渡るというのだ。やがて嵐が収まると何事もなかったかのように月だけがこうこうと輝いているという。

　文明の発展に伴い、山中の怪現象も解明され、天狗は山中深くへと姿を消した。だが、今も天狗は山中にあって訪れる人々を隠れ見ているのである。

第一章　五大妖怪伝説！

九尾《きゅうび》の狐《きつね》

中国とインドの王朝を滅ぼし日本へ飛来した妖狐

人に化身する九尾の狐

古来、狐《きつね》は人に化け、人を化かす妖怪とみなされてきたが、平安時代に編まれた『日本《にほん》霊異記《りょういき》』では、早くも人に化身《けしん》した狐が人に嫁《か》す話が見える。

そんな狐の伝説のなかでも日本中を大混乱に陥れたのが、「九尾《きゅうび》の狐」と呼ばれる妖魔《ようま》である。アジア各国で暴れ回ったあと、自ら日本の王になろうという野望を抱いて日本に渡ってきた狐の物語で、中世に流布したものだ。

当初はふたつの尾を持つ狐だったが、江戸時代に伝説が広まった際には、九つの尾を持

傾国の美女に化けた九尾の狐

九尾の狐の移動

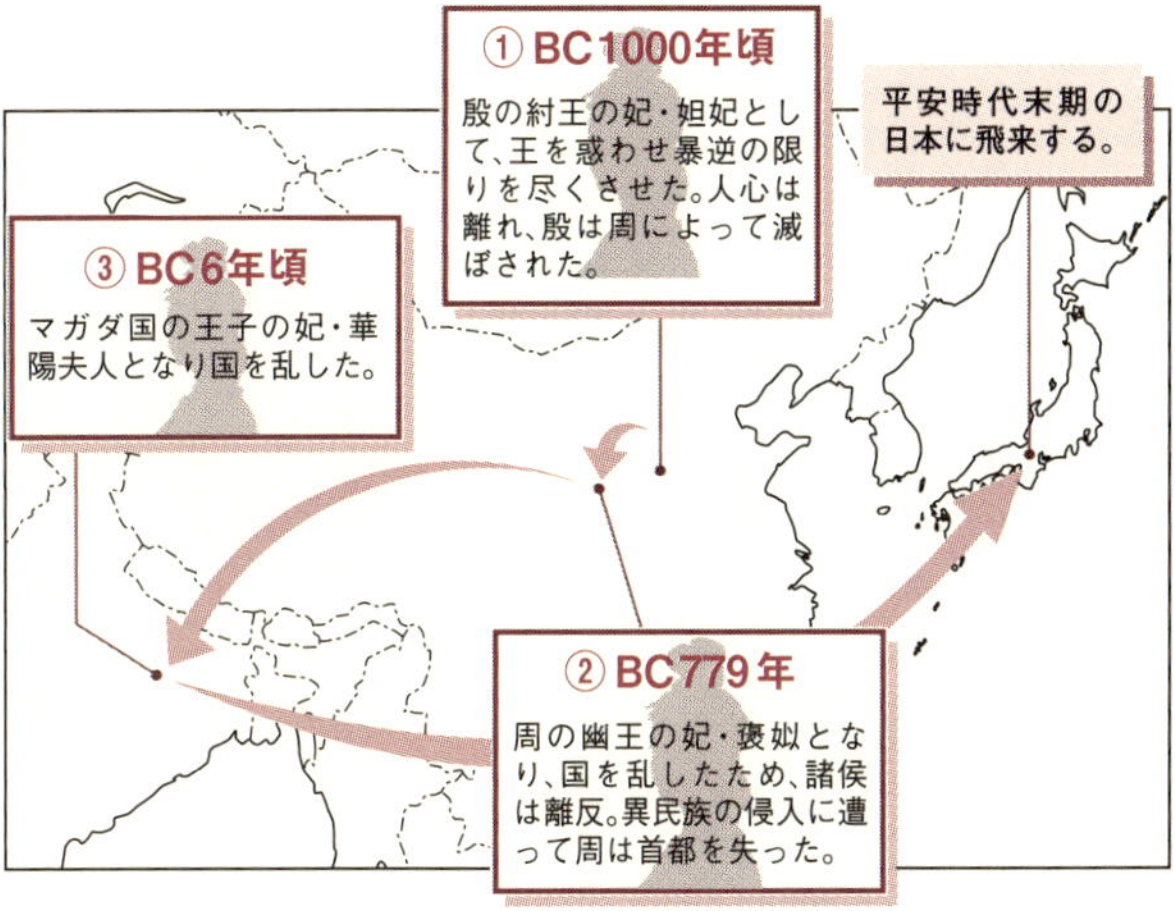
① BC1000年頃
殷の紂王の妃・妲妃として、王を惑わせ暴逆の限りを尽くさせた。人心は離れ、殷は周によって滅ぼされた。
平安時代末期の日本に飛来する。
③ BC6年頃
マガダ国の王子の妃・華陽夫人となり国を乱した。
② BC779年
周の幽王の妃・褒姒となり、国を乱したため、諸侯は離反。異民族の侵入に遭って周は首都を失った。

つ白面金毛《はくめんこんもう》の狐として語られている。

その九尾の狐が日本に現われたのは、一二世紀、近衛《このえ》天皇の時代のこと。

ある日宮廷に美しい女性が現われる。彼女はその美貌もさることながら、才にも長《た》けた女性で、体からは美しい光を放っていたという。たちまち鳥羽《とば》上皇はこの美女の虜《とりこ》となり、「玉藻前《たまものまえ》」という名前を与えて寵愛《ちょうあい》し始めた。

ところが、この頃から次第に上皇の様子がおかしくなっていった。みるみるうちに衰弱し、魂を吸い取られたように空《うつ》ろな表情になったのである。上皇を診察した医師が邪気による病だと判断したため、陰陽師《おんみょうじ》の安倍泰成《あべのやすなり》が呼び寄せられた。泰成は、ただちにこれが玉藻前の仕業と見破った。

そして、玉藻前の正体が八百年の年を経た、体長七尺（約二メートル一二センチ）の、妖狐《ようこ》であると奏上《そうじょう》したのである。

さらに泰成の占いにより、この妖狐は、中国の古代王朝・殷《いん》では紂王《ちゅうおう》の寵妃《ちょうき》・妲妃《だっき》に、周《しゅう》では幽王《ゆうおう》の妃・褒似《ほうじ》に、古代インドのマガダ国では華陽夫人《かようふじん》に、それぞれ化身して王たちを惑わせ、国を滅ぼしてきた傾国《けいこく》の美女ならぬ狐だったことが明らかとなった。

泰成は、この狐が上皇の命を奪い、自分が王になろうとしていると上皇に告げたが、上皇は信じない。泰成が調伏《ちょうぶく》したところ、玉藻前は苦しみ悶《もだ》え、長い尾を振り乱して九尾の狐の正体を現わすや、東へと飛び去っていった。

狐の退治と怨念の殺生石

我に返った上皇は、ただちに那須野《なすの》に逃げた狐の追討を弓の名手上総介《かずさのすけ》と三浦介《みうらのすけ》に命じた。探し歩いてようやく狐を見つけたふたりは矢を射掛《いか》けたが、自由自在に変化する狐を射止めることができない。そこで、百日の犬追《いぬお》い修行ののち、再び挑むと、見事、矢が狐に命中。さしもの狐も息絶えたのである。

だが、狐の怨念は衰えない。殺生石《せっしょうせき》として残り、近づく人や動物すべてを殺害していった。

あるとき、高名な僧・玄翁《げんのう》和尚が那須野を通りかかり、この巨石に目をとめた。すると美しい女性が現われて、玉藻前の話を伝える。この女性こそ玉藻前の亡霊だった。和尚が石に向けて「喝《かつ》！」とかなづちを振り下ろすと、石は粉々に砕けちり、ひとつは会《あい》津《づ》に、ひとつは吉備《きび》に飛んでいった。それでもなお、石は異臭を放ち続けていたと伝えられる。

京都の真如堂境内《しんにょどうけいだい》にある鎌倉地蔵堂《かまくらじぞうどう》には、殺生石で作ったという地蔵菩薩《じぞうぼさつ》の像が祀られている。

この妖狐伝説の背景には、当時の宮廷において、天皇をも巻き込んで繰り広げられていた藤原氏の間の権力闘争があるといわれる。

狐、政争の史実、陰陽道。これらが絡《から》み合い、日本を揺るがせた妖怪の伝説を生み出したのである。

玉藻前伝承成立期の歴史上の出来事

- 1146.3　京都大火
- 1155.7　近衛天皇崩御
- 1156.7　保元の乱

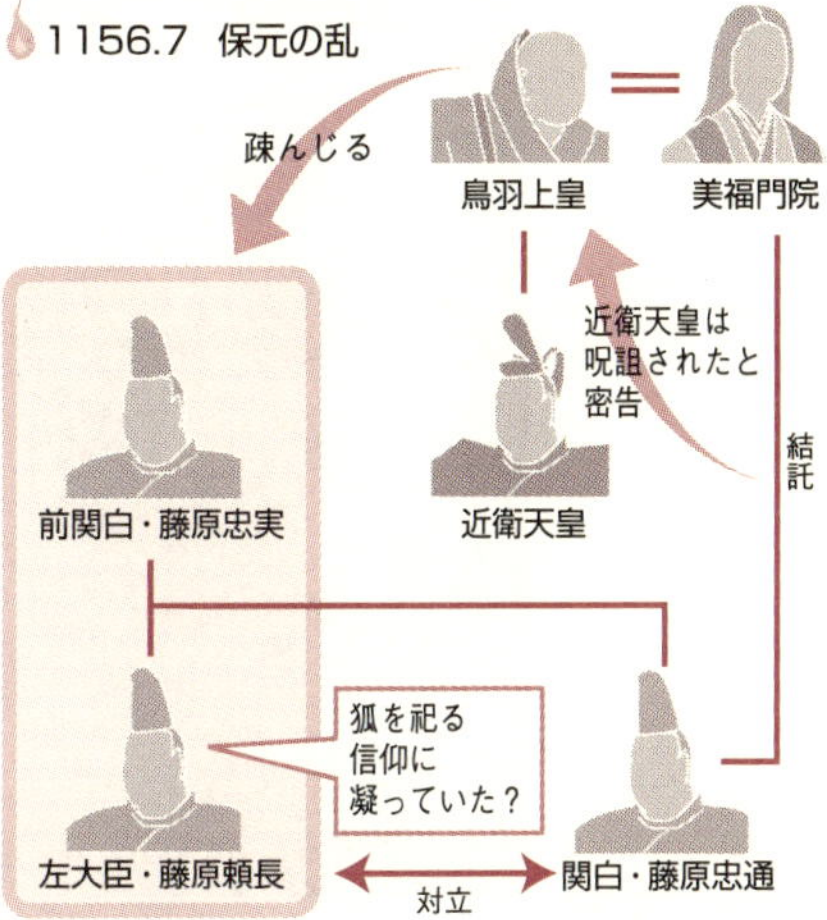
鳥羽上皇
美福門院
疎んじる
近衛天皇は
呪詛されたと
密告
結託
近衛天皇
前関白・藤原忠実
狐を祀る
信仰に
凝っていた？
左大臣・藤原頼長
対立
関白・藤原忠通

大蛇《だいじゃ》

日本神話を起源とする婚姻伝説から復讐譚まで

復讐の機会を狙う手負蛇

天皇家の祖先も信仰した山の神

蛇は、グロテスクなその姿形から恐怖の対象とみなされてきた。そのためか、人に害をなす大蛇伝説には枚挙《まいきょ》に暇《いとま》がない。

日本神話には出雲《いずも》に降《くだ》ってきた須佐之男命《すさのおのみこと》が、八つの頭を持つヤマタノオロチを酒に酔わせて討ち取るという伝説がある。このほかにも蛇退治の伝説や、蛇と人との婚姻伝説などがしばしば登場する。

こうした蛇伝説のなかでも、最たるものは三輪山《みわやま》伝説だろう。

日本の蛇伝説

執念深い
殺害された蛇が、殺害した人物に祟り、呪い殺すという言い伝えが残る。

女性を好む
鏡山の蛇神や三輪山の神など、女性を求める蛇神の伝説が残る。

ヤマタノオロチ伝説
（島根県）
出雲に八つの頭と八つの尾を持つ大蛇がおり、毎年娘を要求し、これを喰らっていた。そこに須佐之男命が降り立ち、大蛇を酔わせて退治した。

死して蛇となった田道
（東北）

仁徳天皇の時代、東北の蝦夷征討に出た田道であったが、途中で戦死してしまう。その後蝦夷が田道の墓を破壊すると、そこから大蛇が現われて蝦夷を退治したといわれる。

夜刀神《やとのかみ》
（茨城県）

開墾をしようとしたところ、頭に角のある蛇（夜刀神）が現われ、たびたび作業を妨害した。この蛇に祟られると子が生まれず、一家は全滅するといわれた。

三輪山の大物主神
（奈良県）

三輪山に神の化身である蛇がおり、これを捕らえたところ雷を発した。そのため、蛇は放たれ、場所は雷丘《いかずちのおか》と呼ばれた。

鏡山の蛇神
（佐賀県）

松浦湾を臨む鏡山には蛇神が住んでおり、新羅遠征に出た恋人を待つ女性のもとに現われた。やがて女性と交わり、池の中へと引きずり込んでしまう。

晡臥山《くれふしやま》の蛇神
（茨城県）

ある兄妹のもとに神が通いやがて妹は妊娠する。生まれたのは蛇で、ほどなく面倒を見切れないほどに巨大になった。妹は蛇を神のもとへ戻そうとしたところ、蛇は供をつけるよう要求。これを拒否したところ、兄が殺害された。

『日本書紀』では、三輪山の神と結婚した妻が夫に正体を知りたいと懇願《こんがん》。夫は自分の姿を見ても決して驚かないよう命じた。翌日、妻が見た正体は箱に入った小さな蛇であった。妻が思わず声をあげたため、夫は自分に恥をかかせたと怒り、妻は箸《はし》で陰部を突いて死んでしまうというものだ。

天皇家の信仰が深い三輪山の神が蛇体だったというのは、人々の蛇に対する思いが現われているといえよう。

一方、じっと見つめたまま舌をひらひらさせる蛇特有の動きが、怒りや怨みを秘めた執《しゅう》念深《ねんぶか》さを示しているといわれてきた。そのため、蛇を殺した者は復讐《ふくしゅう》されている。信州《しんしゅう》の野守《のもり》という三メートルもある蛇は、自分を殺した若者を三年後に呪い殺しているという。

また、『今昔物語集《こんじゃくものがたりしゅう》』でも女に復讐する蛇の話がある。かまどの鼠《ねずみ》の穴に入った蛇に困っていた女性に、隣家の女が穴の中に湯を流せと知恵をつけた。

そのため、蛇は穴から出て死んだ。ところが、隣家の女も熱い熱いとのた打ち回りながら亡くなったというものだ。

こうした復讐はまた、女性の嫉妬《しっと》とも無関係ではない。嫉妬深い女性が死後、蛇となり、後妻に祟ったという伝説も数多い。

第二章

祟る！

―人々にとり憑き不幸をもたらす妖怪たち―

幽霊《ゆうれい》

無念の死を遂げた者たちの怨念が現世を彷徨う

夫の後妻を殺した累

無念の死を遂げた魂を祀る怨霊信仰

幽霊《ゆうれい》は生前の姿で現われる、死んだ人間のことである。この世に恨《うら》みや強い執着《しゅうちゃく》を残した者が幽霊になるといわれ、その思いを聞き届ければ、姿を消すともいう。

「幽霊」の概念は中国からの輸入とされるが、奈良・平安時代には日本独自の幽霊像が形成されていたようだ。平安時代の仏教説話集『日本霊異記《にほんりょういき》』や歴史物語『大鏡《おおかがみ》』には幽霊譚《たん》が登場している。

日本の幽霊譚はどこか物悲しさを伴うのが特徴で、『今昔物語集《こんじゃくものがたりしゅう》』でも、ある男が久し

日本の怨霊伝説

幽霊の条件

- 人間の姿をしていること
- 生前の姿をしていること
- 既に死んだ人間であること
- 特定の相手の前に現われること

早良親王の祟りにより、長岡京が混乱に陥れられたとされて以降、日本では、恨みを残して死んだ者は怨霊となって災いをもたらすという考えが生まれた。

平将門の怨霊
平安時代、関東に独立政権を打ち立てるも、その後の戦いで戦死。祟りをなしたといわれる一方、東京を中心に篤く祀られている。
後鳥羽上皇の怨霊
承久の乱に敗れ、隠岐へと配流後、当地で崩御した。
怨霊伝説の地
皿屋敷伝説が伝わる地
崇徳上皇の怨霊
保元の乱において都を追われた崇徳上皇は、讃岐に配流。怨みを抱いて没した後、都では火事や飢饉が相次いだ。
平家の怨霊
壇ノ浦にて滅亡した平家の怨霊伝説。
菅原道真の怨霊
藤原氏を抑えて昇進し国政を担うも、大宰府へ権帥として左遷され、当地で没す。その後御所に落雷をもたらすなど朝廷に祟りをなしたため、天神として祀られる。
早良親王の怨霊
長岡京造営中、藤原種継暗殺事件に連座して皇太子を廃され、河内国高瀬橋付近で憤死した。ほどなく桓武天皇の周辺で怪死事件が相次ぎ、早良親王の怨霊が噂された。
江戸の五大怪談と幽霊
『四谷怪談』……お岩
『番長皿屋敷』……お菊
『累ヶ淵』……累
『牡丹灯篭』……お露
『乳房榎』……重信

ぶりに前妻のもとへ戻り一夜を過ごすが、翌朝になると骸骨《がいこつ》と化した妻を目にするという話がある。妻は夫を慕《した》うあまり、生前の姿となって現われたのである。

当初は、こうした血族間の追憶《ついおく》という、祖霊《それい》信仰に基づいた好意的な幽霊が出没していたようだ。

しかし、幽霊が強い恨みを持つ場合、人々に害をもたらし、その恐怖が倍増する。

七八五（延暦《えんりゃく》三）年、謀反《むほん》の疑いをかけられ無念の死を遂げた早良親王《さわらしんのう》は、遷都《せんと》間もない長岡京《ながおかきょう》に祟《たた》り、多くの人を殺したという。この早良親王以降、幽霊は怨霊《おんりょう》へと変容していく。

これは現実社会で無念の死を遂げた人々が、死して恨みを晴らすために祟るというものだ。九世紀には、御霊会《ごりょうえ》という怨霊を鎮《しず》める法会《ほうえ》が行なわれるほど恐れられた。

実際、讒言《ざんげん》で不遇の死を遂げた菅原道真《すがわらのみちざね》が都に雷神《らいじん》となって現われ、崇徳《すとく》天皇が呪詛《じゅそ》から生霊《いきりょう》となり、平治《へいじ》の乱を勃発させるなど、歴史上の怨霊伝説は枚挙《まいきょ》に暇《いとま》がない。

こうして、新たな性格を与えられた幽霊は、各地で目撃談が報告されるようになる。

下女《げじょ》の袖《そで》が引っ張られたが、その小袖が死んだ女主人の墓に置かれていたとか、切腹《せっぷく》した侍がその翌日、書類を焼き捨ててほしいと伝えに来た例などが見える。

江戸時代に広まった女性の幽霊

江戸時代には、様々な怪談《かいだん》が創作されたが、なぜか女性の恨みを軸にした物語が目立つ。『死霊解説物語聞書』は、農婦お菊《きく》にとり憑いた累《かさね》の怨念物語である。醜《みにく》いため夫に殺された累は、夫が娶《めと》った妻たちを次々ととり殺し、最後はお菊にとり憑いて恨みを述べる。話芸では『真景《しんけい》累《かさね》ケ《が》淵《ふち》』として女の情念を描いた怪談に仕上げられている。

鶴屋南北《つるやなんぼく》作の『四谷怪談《よつやかいだん》』は夫の裏切りで醜い顔かたちになり悶死《もんし》したお岩《いわ》が、幽霊となって凄惨《せいさん》な復讐を果たす怪談である。顔がただれ、髪が抜け落ちたお岩が「恨めしや」と夫にすりよる場面は身の毛がよだつ。また、弱い立場の女性お菊を主人公にした『番《ばん》町《ちょう》皿《さら》屋敷《やしき》』も「一枚、二枚」と現われる幽霊が定番だ。

このように、幽霊といえば女性というイメージが定着したのは、じつは近世以降のことである。近世に女性の幽霊が増加した原因のひとつは、女性の地位の低下に伴い、女性が持つ執着心の強さが強調されたためといわれている。

また、女性の戦いともいうべきお産《さん》の死に焦点が当てられたことも大きい。お産で亡くなった女性は血《ち》の池地獄《いけじごく》に落ち、わが子に心を残すと伝えられる。お棺の中で子供を育てるため、女性が幽霊となって、夜毎《よごと》に飴《あめ》を買いに出る「子育て幽霊」は有名な話である。

人魚《にんぎょ》

天変地異を起こしながら、恩恵ももたらす海の怪

恐ろしげな姿の人魚

恐ろしい生物とみなされた人魚

人魚《にんぎょ》とは、人間と魚が合体したような生物である。上半身が人間、下半身が魚といった、アンデルセンの童話『人魚姫』に代表されるような優美な姿が一般的だが、逆の姿のものも存在する。その歴史は古く、西洋では神話の段階から人魚が登場していた。

日本でも、その存在は早くから知られていたらしく、聖徳太子《しょうとくたいし》が近江国《おうみ》（滋賀県）で人魚と出会った逸話が残されている。生前の悪行《あくぎょう》のため、人魚に姿を変えられたと聞いた聖徳太子は、手厚く供養《くよう》してやったという。

全国に伝わる主な人魚伝説
博多の人魚
（福岡県福岡市）
博多の庄の浦に少女がいて、いつの間にか姿を消した。数年後、博多の浜で人魚の死骸がかかったが、これがその少女にそっくりであった。
八百比丘尼
（福井県小浜市）
敦賀国の長者が蓬莱の国から人魚を持ち帰った。これを18歳の娘が食べ、永遠の命を得る。娘は120歳のときに出家し、仏の道を説いて回ったという。
富山の人魚
（富山県富山市）
長い髪と角を持つ、女性の顔をした全長約10.6mの人魚が捕獲された。両腹に目が3つあり、尾は鯉のようで、その声は遠くまで響いた。
観音正寺
（滋賀県東近江市）
苅萱堂
（和歌山県橋本市）
ザン
（沖縄県石垣島）
網にかかった人魚を逃がしてやったところ、お礼として津波が来ることを教えてくれた。その後人魚の予言どおり津波が島を襲ったが、漁師たちは助かった。
● 人魚伝説の伝わる地
▲ 人魚のミイラが伝わる、もしくは伝わっていた地

『古今著聞集《ここんちょもんじゅう》』にも、人魚の記述が見えるが、この頃の人魚の多くは、魚の身体に人間の顔を持つ人面魚の類だったようだ。

それが今のような上半身が人間、下半身が魚という姿として流布《るふ》したのは、江戸時代以降のことである。

人魚伝説は日本各地に伝わるが、その特徴としては、西洋の人魚とは異なり、多くが恐ろしい姿をしている点である。

これは東洋における人魚が、中国の『山海《せんがい》経《きょう》』に登場する赤子のような声と足を持つ人魚を原型とするためと考えられている。

越中《えっちゅう》国（富山県）の記録には、江戸時代、全長一一メートルで長い髪と角《つの》を持った人魚を四五〇挺《ちょう》もの鉄砲で撃退したと記されて

いる。「悪魚」という表現から、人々に害をもたらす存在とみなされていたようだ。

若狭国《わかさ》（福井県）でも岩の上に寝ていた人魚を漁師が殺害したため、以来、その村では海鳴りや大地震が続き、人魚の祟りと恐れられたと伝えられている。

しかしやがて、人魚は「見ると幸せになる」吉兆《きっちょう》の生き物とみなされるようになった。寿命長久《じゅみょうちょうきゅう》や火難除けとしても崇《あが》められたという。

また、石垣島《いしがき》のザン（人魚）伝説のように、いったん捕獲したザンを助けたところ、お礼として、間もなく津波《つなみ》が来ると知らせてくれたという話も残る。これは一七七一（明和《めいわ》八）年に発生した大津波の際の出来事と伝えられる。

当初、人魚の異形に恐れを抱いていた人々も、その人知《じんち》を超えた力に注目し、福《ふく》を呼ぶ存在としての期待をよせるようになったのであろう。

八〇〇歳まで生きた比丘尼伝説

数々の人魚伝説のなかで最たるものが、人魚の肉を食べると不老不死を得られるというものだ。とくに有名なのが、八〇〇歳まで生きた若狭の八百比丘尼《やおびくに》である。

今でも福井県小浜市《おばま》には、比丘尼終焉《しゅうえん》の地や屋敷跡などいくつかの史跡が残っているが、その伝説は次のようなものだ。

小浜の長者が、海中の蓬莱《ほうらい》の国から不老不死を授けるという人魚の肉を持ち帰った。長者の一八歳の娘が、好奇心のままにこの肉を食べてしまい、不老不死になったのである。やがて時を重ね、周囲の人々が皆亡くなっても、娘は一八歳の姿のままで生き続けていたという。

一二〇歳になった娘は出家《しゅっけ》して、全国を行脚《あんぎゃ》。仏の道を説いて回ったといわれ、全国各地に比丘尼伝説が残っている。

やがて八〇〇歳になり小浜に戻ってきた比丘尼は、洞窟の中で入定《にゅうじょう》（身を隠して死を待つこと）した。

古今東西、様々な人が求め続けてきた不老不死の薬（肉）だが、永遠の生が幸せでないことを物語っているかのようである。

人魚の出現記録

年号	出現場所
619年（推古27）年	4月、近江国蒲生川と難波堀江に人魚が出現する。
759年（天平宝字3）年	8月、出雲国安来浦に人魚が出現する。
778年（宝亀9）年	4月、能登国珠洲岬に人魚が出現する。
825年（天長2）年	近江国の琵琶湖に人魚が出現する。
901年（延喜元）年	玄界灘に人魚が出現する。
1189年（文治5）年	夏、陸奥国の外ヶ浜、安芸国いえつの浦に人魚が漂着する。
1359年（正平14）年	伊勢国二見浦に人魚が出現する。
1737年（元文2）年	能登国鳳至郡に人魚が出現する。
1745年（延享2）年	5月、玄界灘に人魚が出現する。
1757年（宝暦7）年	4月、越中国放生津周辺に人魚が出現する。
1759年（宝暦9）年	津軽に２匹の人魚が出現する。
1805年（文化2）年	5月、越中国放生津に人魚が出現し、松平加賀守の家来1500名が出動する。

あやかし

生者を恨み深い海へと引きずり込む海難者の霊

海上で船を襲うあやかし

海上の怪異の正体は海難者の霊か

あやかしは、西日本から九州の海に出没する巨大な海蛇《うみへび》のような妖怪で、海で遭難して命を落とした者たちの霊が集まったものといわれている。

船で乗り越えるのに数日かかるほどの長さを持ち、蛇の体から大量の油が出るため、油をくみ出さないと船が沈んでしまうともいわれている。

一方で、あやかしは海上で起こる怪異現象の総称とも言われ、様々な姿が報告されている。

江戸時代の航路と海の怨霊

生者を海の底へと誘う、海難事故で命を落とした人々の霊は全国に広く伝えられ、様々な名前で呼ばれてきた。

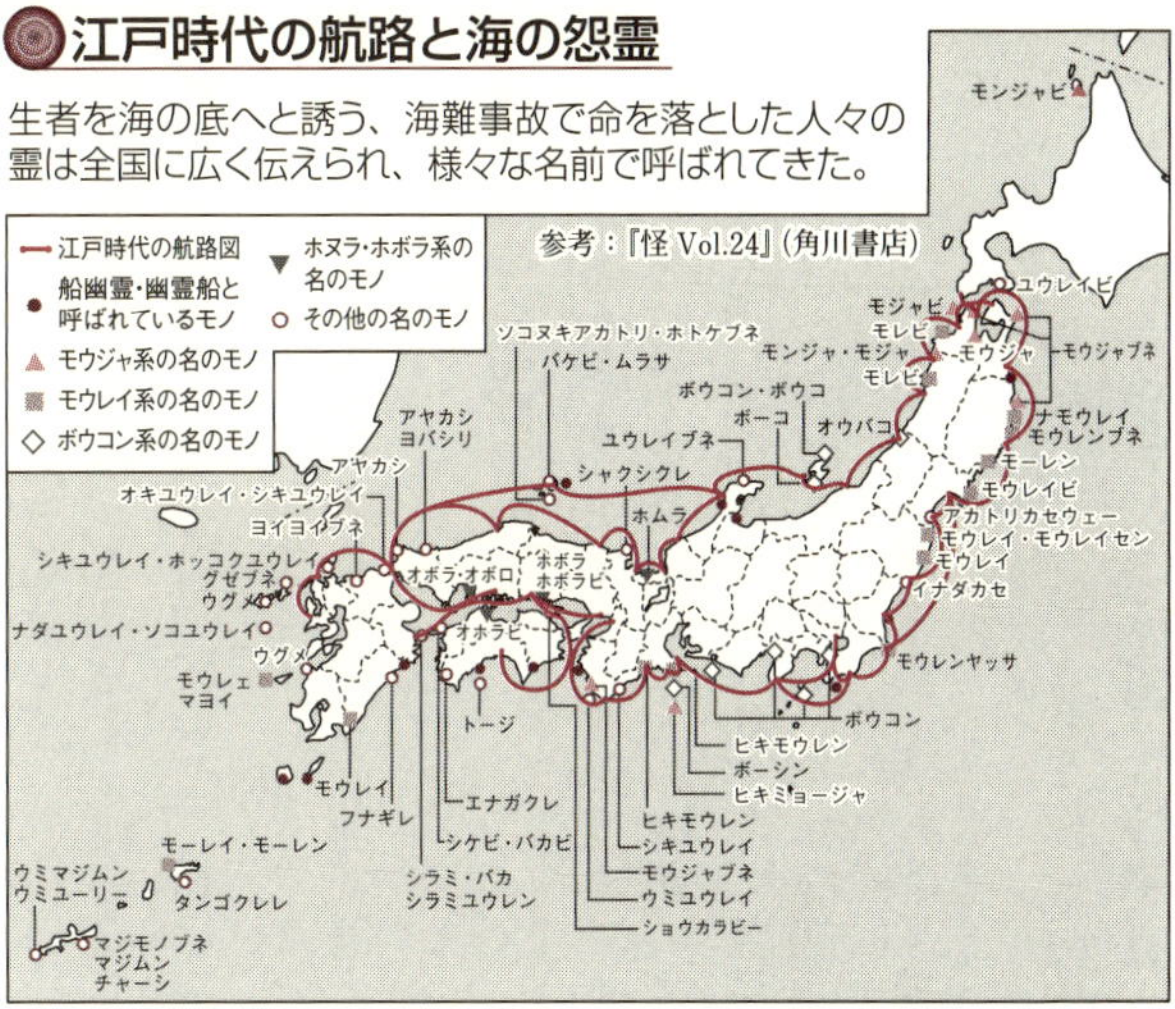
江戸時代の航路図
船幽霊・幽霊船と呼ばれているモノ
モウジャ系の名のモノ
モウレイ系の名のモノ
ボウコン系の名のモノ
ホヌラ・ホボラ系の名のモノ
その他の名のモノ
参考：『怪 Vol.24』(角川書店)
モンジャビ
ユウレイビ
モジャビ
モレビ
モンジャ・モジャ
モウジャ
モウジャブネ
モレビ
ナモウレイ
モウレンブネ
モーレン
モウレイビ
アカトリカセウェー
モウレイ・モウレイセン
モウレイ
イナダカセ
モウレンヤッサ
ボウコン
ヒキモウレン
ボーシン
ヒキミョージャ
ソコヌキアカトリ・ホトケブネ
バケビ・ムラサ
ボウコン・ボウコ
ボーコ
オウバコ
ユウレイブネ
シャクシクレ
ホムラ
アヤカシ
ヨバシリ
アヤカシ
オキユウレイ・シキユウレイ
ヨイヨイブネ
シキユウレイ・ホッコクユウレイ
グゼブネ
ウグメ
ナダユウレイ・ソコユウレイ
ウグメ
モウレェ
マヨイ
オボラ・オボロ
ホボラ
ホボラビ
オホラビ
トージ
モウレイ
フナギレ
エナガクレ
シケビ・バカビ
シラミ・バカ
シラミユウレン
ヒキモウレン
シキユウレイ
モウジャブネ
ウミユウレイ
ショウカラビー
モーレイ・モーレン
ウミマジムン
ウミユーリー
タンゴクレレ
マジモノブネ
マジムン
チャーシ

人に化けて海に引きずり込み、自分たちの仲間にしようとすることもあり、女性の姿となって現われた例もある。

上総《かずさ》（千葉県）に上陸した漁師が井戸を探していると、女性が井戸の水を汲んでいた。その水をもらって帰り、仲間の漁師に聞くと、そんな井戸はないという。しかも、数年前にはこの近辺に出かけたまま帰ってこない漁師がいたとか。やがて一同、その女が「あやかし」だと気づく。

その時、さきほどの女が船にかじりつき、今にも襲い掛かろうとしていた。漁師たちが必死に櫓《ろ》で女を打って船から落とし、九死に一生を得たと伝えられる。

また、あやかしは、怪火《かいか》、幽霊船、島など

の姿で見えることもあるという。

幽霊船は、妙にはっきり見え、波を立てず、人の気配がまったくないなど、どこか普通の船とは違う雰囲気を持っている。船は突進してくるが、衝突寸前に消えるという。

また、島の姿をとる場合は、島かと思うと灯台となり、灯台かと思うと魚になったりと幻影のように現われる。やはり直前で消えてしまうようだ。

船を沈める船幽霊の怨念

佐賀・山口県辺りでは「あやかし」というと船幽霊《ふなゆうれい》のことを指す。

船幽霊も、海で亡くなった人の魂が、成仏《じょうぶつ》できずに幽霊になったものだ。

沖合いを進む船の周りに突如として無数の亡者《もうじゃ》たちが現われたかと思うと、「柄杓《ひしゃく》貸せ、柄杓貸せ」と船にまとわりつく。海の中から亡者たちがざわめく光景は、逃げ場がないだけに想像しただけでも恐ろしいが、柄杓を渡したら最後、それで海水をすくい、船を水で満杯にして沈められてしまうという。

だから、心得た者たちは、底を抜いた柄杓を渡して難を逃れるという。また、ご飯やおにぎり、炎のもえさしなどを海に投げ入れることで、船幽霊を撃退できるともいわれている。

船幽霊の恐ろしいところは、船乗りたちを驚かすだけでなく、自分たちと同じ死の世界に引きずり込もうとしている点だ。海難事故では、苦しみ抜いた末に溺《おぼ》れ死んだり、漂流した末の餓死など悲惨な死が多い。苦しんだ分だけ怨念が強く、生者への妬《ねた》みから、出会った者を海へと誘い込もうとしているとされる。

水を注いで舟を沈める船幽霊

船幽霊に柄杓を貸すと、船へ水を注がれ、沈められる。柄杓の底を抜いて貸すとよいという。

　青森ではこうした亡者たちのことをモンジャと呼ぶ。北津軽《きたつがる》では浜で火を焚《た》くとモンジャが火にあたりにくるという伝説がある。実際、多くの漁師が遭難した年に遺族が浜で火を焚くとモンジャが現われたともいわれる。

　こうした水死者たちを供養《くよう》するために仏教では、古くから食べ物などを備える施餓鬼《せがき》が行なわれてきた。深い海と同じく、彼らの怨念もまた、底知れず深いものなのだろう。

飛縁魔《ひのえんま》

男にとり憑き精血を吸い尽くす「ひのえうま」の妖女

男の身を滅ぼす飛縁魔

お七火事が生んだ迷信

飛縁魔《ひのえんま》は、夜な夜な現われては男にとり憑き殺す女の妖怪である。

顔形は美しいが、これに魅入られたら財産を失い、血も吸い尽くされ、果ては命を奪われてしまうという。

江戸時代、女犯《にょぼん》を戒めるために創作された妖怪ともいわれているが、女の色香《いろか》に迷って身を滅ぼしたり、果ては国を傾けたりすることの愚かさを説いたものだったと思われる。

その名の由来は、丙午《ひのえうま》の迷信と関わりがあるようだ。

八百屋お七

好きな男性に会うために放火し、江戸を大火で包んだお七。その後、鈴ヶ森の刑場にて火あぶりにされた。

丙午の年

1千年紀	2千年紀	3千年紀
	1006年	2026年
46年	1066年	2086年
106年	1126年	2146年
166年	1186年	2206年
226年	1246年	2266年
286年	1306年	2326年
346年	1366年	2386年
406年	1426年	2446年
466年	1486年	2506年
526年	1546年	2566年
586年	1606年	2626年
646年	1666年	2686年
706年	1726年	2746年
766年	1786年	2806年
826年	1846年	2866年
886年	1906年	2926年
946年	1966年	2986年

丙午とは十二支《じゅうにし》と、甲乙《こうおつ》など十干《じっかん》を組み合わせた年号の表記法のひとつ。年号は合計六〇種類あるので、同じ組み合わせは六〇年に一度巡ってくる。その六〇パターンのうちのひとつが丙午なのである。

この丙午生まれの女性には、夫を喰い殺すという迷信がまことしやかに囁《ささや》かれていた。

科学的根拠はどこにもない迷信だが、江戸時代、天和《てんな》の大火の放火犯、八百屋《やおや》お七《しち》が丙午だったことに由来しているという。

八百屋お七は、とある火事の避難所で知り合った青年への愛《いと》しさが募《つの》り、再度会いたいがために、放火を働いたという女性である。

お七はその後、裁きにかけられて、鈴ヶ森《すずがもり》の刑場で火あぶりの刑に処されている。

七人《しちにん》みさき

「七人目」を求めて永遠に彷徨う亡者たちの行列

生者にとり憑く死霊

出会ったら最後の無限ループ

夕暮れ時、道を歩いていると七人の亡霊《ぼうれい》が縦列《じゅうれつ》となって、「チーン、チーン」と鐘《かね》を鳴らしながら歩いている姿とすれ違う。この行列は七人みさきと呼ばれ、出会った者は必ず死ぬという。すると、行列の先頭を歩いていた亡霊が成仏《じょうぶつ》し姿を消す。しかし、みさきは絶えず「七人」でなくてはならないため、殺された者が最後尾に加わり、次の犠牲者を求めて彷徨《さまよ》い続ける……。つまり、永遠に次の生贄《いけにえ》を探し求め続ける恐ろしい行列なのである。

「みさき」という名称は一説によると「岬」「崎」の意であるとされ、これらが、もとは神聖な地として崇《あが》められていたことに起因するという。ほかにも七人童子《どうじ》、七人同行《どうぎょう》、という七人みさきと同様の性格を持つ亡霊が、四国や中国地方に伝えられている。

ただし、難を逃れる方法もある。山口県の周南《しゅうなん》地方の徳山《とくやま》では、どうしても夜に外出しなければならない時は、親指を手のひらで握り締めて行くとよいという言い伝えがある。地方によっては、七人みさきは目に見えないが、牛の股からのぞくと目にすることができるともいわれている。

七人みさきのしくみ

七人みさきはひとりが成仏すると、犠牲者が新たに加わり、永遠に七人で彷徨い続ける。

七人みさきの正体にも様々な説がある。海難者の霊という説のほか、山口県の岩《いわ》国《くに》市では殺された七人の密猟者の霊、広島県の三原《みはら》市では村人に殺された山伏とその家族の霊とも伝えられる。また、四国では長宗我部《ちょうそかべ》氏の家臣の霊という説もある。

なお、なぜ七人だったのかというと、「七」という数が恐怖の集団を表わすのにもっとも適した数であったためだという。

餓《が》鬼《き》

道行く人々に堪え難い空腹をもたらす「ひだる神」

『餓鬼草子』に見える餓鬼

山中での行き倒れを招く妖怪

山中や道端など旅の途中で突然、空腹に襲われ、歩けなくなることがある。これは空腹を感じさせて体を動かせなくさせる餓鬼《がき》という亡霊にとり憑《つ》かれたためである。

餓鬼は、餓死した物乞《ものご》いや旅人などの怨念が妖怪となったものだ。餓鬼にとり憑かれた際には、食べ物を口に入れると撃退できるとも伝えられた。

八丈島《はちじょうじま》では同様の「磯餓鬼《いそがき》」という報告例がある。同じく人々にとり憑いて餓死させるのだが、主に海やその近くに出没する。やはり、海で遭難した者の怨念なのだろうか。

餓鬼の登場する地形

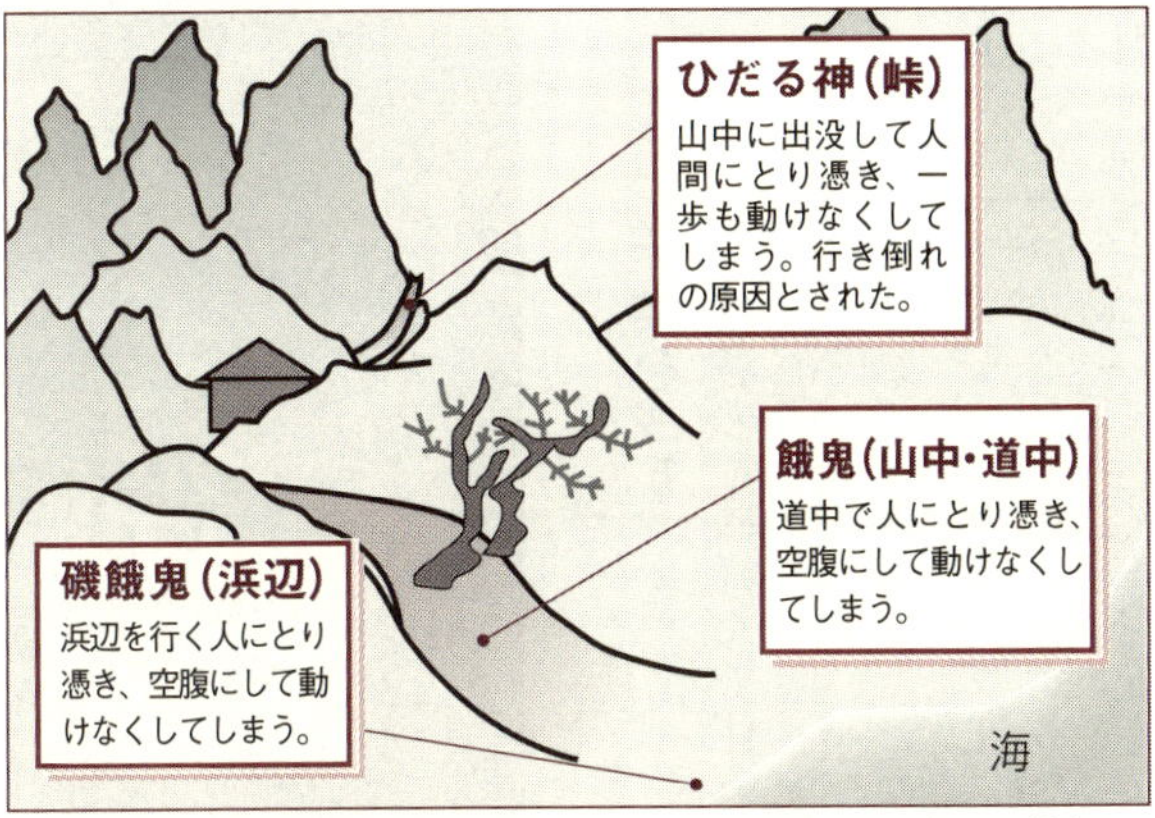
ひだる神（峠）
山中に出没して人間にとり憑き、一歩も動けなくしてしまう。行き倒れの原因とされた。
餓鬼（山中・道中）
道中で人にとり憑き、空腹にして動けなくしてしまう。
磯餓鬼（浜辺）
浜辺を行く人にとり憑き、空腹にして動けなくしてしまう。
海

道行く途中、突然空腹に襲われたり、急に動けなくなる現象は、餓鬼・ひだる神といった妖怪の手によるものと考えられた。

「餓鬼」という言葉は、仏教においては、地獄で絶えず飢えと喉《のど》の渇きに苦しめられる餓鬼道で知られている。

食べ盛りの子供を餓鬼とも言うように、いわばむさぼる心の強い人を指す言葉でもある。餓死した人は、凄《すさ》まじい苦しみから成仏できずに、「餓鬼」という亡霊となって人々にとり憑くのだろう。

この「餓鬼」と同類の神に、峠に住み着く「ひだる神」がいる。これにとり憑かれると、急激な空腹感に襲われ、手足がしびれて動けなくなるという。これは行き倒れとなり、成仏できずにいる人の霊魂の仕業ともいわれる。

そのほか、人間にとり憑いて自ら首をくくらせる「縊鬼《いっき》」と呼ばれる妖怪も存在する。

貧乏神《びんぼうがみ》

怠け者にとり憑き
災厄をもたらすも転じて福の神に

災いを転じて福を成す

貧乏神《びんぼうがみ》は、怠け者の家に好んで住み着き、貧困や災厄をもたらす妖怪である。姿形は貧相な男や汚《きたな》い老人の場合が多く、押入れなどを好むとされた。

貧乏神は、その家に住み着くだけだが、人にもとり憑くようだ。岩手の民話では、貧乏人に憑いて、ともに引っ越しまでしようとした話がある。

貧しい百姓が、貧乏神と決別するため、引っ越しをしようとした。ところが、貧乏神もわら靴を編んでついて行く準備をしている。そのため、百姓は引っ越しをあきらめ、働き始めた。すると貧乏神はいなくなったという。

そんな貧乏神を撃退するには、みそ味の焼き飯を作ってむしろにのせ、裏口から持って出て、道に捨てる方法がよい。これを実行したところ、貧乏神が焼き飯につられて出て行ったという話もある。

そんな好まれざる貧乏神だが、時として恩恵をもたらしてくれることもある。貧乏神を祀ればそれ以上貧乏にならないという発想から、逆に福の神に転じるという信仰も存在している。

文京区春日《かすが》町の牛天神《うしてんじん》の脇にある貧乏神を祀る神社は、貧乏な旗本《はたもと》が「一社建立するので少しは福を分けてください」と祈願したものだ。ご利益《りやく》があったのか、福の神として流行神となったという。

貧乏どころか、金持ちになる方法を教える貧乏神も存在する。

大晦日《おおみそか》の晩に現われた白髪の貧乏神が、家主の男に酒を買いに行かせて、酒を酌み交わしながら、「金持ちになりたければ殿様の駕籠《かご》になぐりこめ」と知恵を授けた。男が誤って先触れをなぐると銅貨が出てきた。今度は元旦に、殿様の駕籠になぐりこんだ。すると、金貨がざくざく出てきたというから、これはもはや福の神である。

こらむ

迷信打破の逆風のなかを生き延びた文学 ―― 妖怪文学

怪談の最高峰『雨月物語』

妖怪のなす怪異譚《かいいたん》は、いつの時代から見られたのだろうか。『出雲国風土記《いずものくにふどき》』にも鬼の存在が見られ、古くから存在していたようだが、その怪異を語るわけではない。

その後も平安時代末期の説話集『今昔物語集《こんじゃくものがたりしゅう》』や中世の軍記『平家物語《へいけものがたり》』や『太平記《たいへいき》』などにも妖怪は登場するが、文学として確立したのははるか後世、江戸中期の上田秋成《うえだあきなり》による。

秋成は、自身も何度か怪異譚におののいた体験を持つらしく、妖怪を身近に感じた人物であった。そのため、怪異譚を一笑に付す者に対しては強く反駁《はんばく》したという。そんな秋成の集大成が、凄みのある怪奇を文学性豊かにまとめあげた『雨月物語《うげつものがたり》』である。

その中の一遍「浅茅《あさぢ》が宿」は、久々に故郷に帰った夫をもてなした妻が、じつはすでにこの世の者ではなかったという内容である。愛情と残酷の交錯を、幻想的な怪異譚で紡《つむ》ぎだした物語は、現代の人々をも虜《とりこ》にしている。

江戸時代には、そのほかにも様々な怪談が作られている。『耳嚢《みみぶくろ》』は江戸市中の噂話をもとに町奉行《まちぶぎょう》がまとめた奇談集だ。

滝沢馬琴《たきざわばきん》の『南総里見八犬伝《なんそうさとみはっけんでん》』は、室町～戦国期、南総安房《あわ》に割拠《かっきょ》した里見氏の興亡を、不思議な縁をもって生まれてきた八人の剣士たちの活躍とともに描いた伝奇《でんき》物語である。この物語のなかでは妖怪変化の者たちが縦横無尽《じゅうおうむじん》に跋扈《ばっこ》する。なかでも下野《しもつけ》国（栃木県）に住む怪猫が武芸者・赤岩一角《あかいわいっかく》を殺害し、当人になりますという話が本作における怪異譚の最たるものであろう。

妖怪譚を語り継いだ小泉八雲と泉鏡花

明治時代の妖怪怪奇譚の双璧をなす人物といえば、浪漫《ろまん》主義の泉鏡花《いずみきょうか》と名作『怪談《かいだん》』を送り出した小泉八雲《こいずみやくも》だろう。

泉鏡花は独特の幻想美を用いて、神秘的な怪奇物語の世界を描いた小説を残している。なかでも、『高野聖《こうやひじり》』は幻想文学の傑作として名高い。当時は井上円了《いのうええんりょう》の迷信打破運動により、「妖怪」は批判される風潮にあったが、鏡花は、そうした風潮に反発するかのように「妖怪」にまつわる作品を次々と発表した。

また、小泉八雲は江戸時代の文献を蒐集し、それを文学に再生して世に送り出した人物としても名高い。彼の記した数々の怪談は、後世の怪異譚の原点ともいうべき存在になっている。

妖怪文学への取り組みはやがて、芥川龍之介《あくたがわりゅうのすけ》へと受け継がれた。彼は異界の存在への興味が尽きなかったといわれ、『河童』など多くの妖怪譚を書いた。

第三章

襲う！

―闇の世界より人々に迫る妖怪たち―

海坊主《うみぼうず》

海上に現われては船を沈める黒い怪物

『奇異雑談集』の海坊主

船を転覆させる海の黒い怪物

海上に突然、グワッと姿を現わし、船を転覆させる巨大な影が海坊主《うみぼうず》である。ほかにも海法師《うみほうし》、海入道《うみにゅうどう》など複数の名称があるが、特徴は、黒くて、半身だけでも数メートルから数十メートルはあろうかという巨大な姿。目や鼻や口がある坊主頭のものが多いが、何もない真っ黒な塊《かたまり》のような怪物、なかには口が耳元まで裂けた海坊主も存在している。そして、多くは上半身のみを海上に現わすが、下半身はスッポンともいわれる。

海坊主に出会うと思わず恐怖で叫んでしまいそうになるが、「あれは何だ」などと声を

巨大海洋生物の回遊コースと捕鯨の拠点（1675年〜19世紀末）

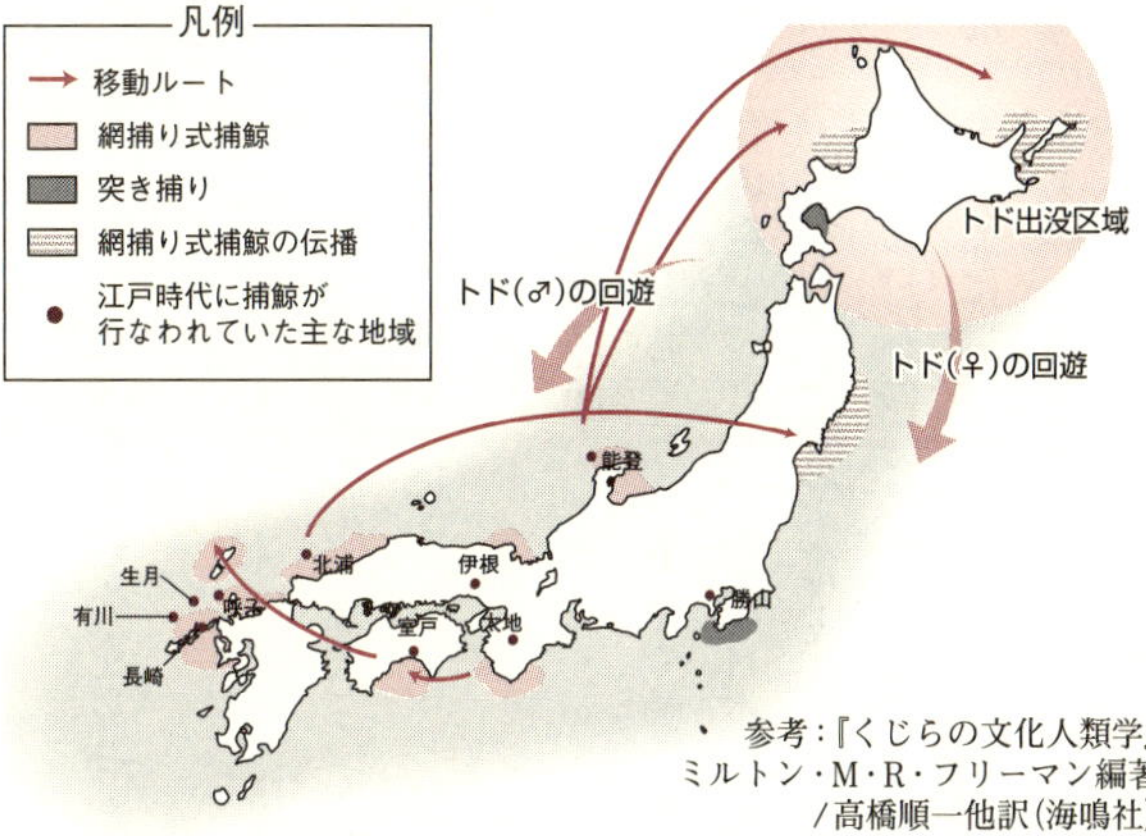
凡例
移動ルート
網捕り式捕鯨
突き捕り
網捕り式捕鯨の伝播
江戸時代に捕鯨が行なわれていた主な地域
トド出没区域
トド(♂)の回遊
トド(♀)の回遊
能登
北浦
伊根
生月
有川
呼子
室戸
太地
長崎
勝山

参考:『くじらの文化人類学』ミルトン・M・R・フリーマン編著／高橋順一他訳（海鳴社）

挙げたり、怖がったりしてはいけない。叫んでしまうと、その言葉が終わらないうちに、船をひっくり返されてしまうのである。

万一、海坊主に出会った場合は、慌てず、騒がず、積荷の中で一番大切なものを海に投げ入れれば助かるという。

東北地方では、漁の初物《はつもの》を海神に捧げないと、海坊主が現われて船を壊したり、船主をさらっていくともいわれている。海坊主が海の神ともみなされていたのであろう。

岩手県の海には美女に化けて、泳ぎ比べを挑んでくる海坊主が現われる。しかし、誘いに乗って泳ぎだすと、すぐに飲み込まれてしまうという。

また、海坊主は海上以外の場所にも出現す

るといわれる。

浜辺にヌルヌルした海坊主が姿を見せたという話もいくつかあり、山陰では次のような話がある。

浜辺に現われた海坊主は、泳いでいた男にヌルヌルした体をこすりつけてきた。その男は強力《ごうりき》だったので、逆に海坊主を捕らえて縄でしばり、古老《ころう》の前までひき立てた。古老は、これは海坊主であり、体がかゆかったから体をこすりつけてきたのだろうと説明したという。

その正体は巨大な魚か

「海坊主」の正体としては、トドや鯨《くじら》、アカウミガメなどの生物が挙げられている。

捕鯨を文化のひとつとしてきた日本にあって、近海における鯨の存在はいうまでもないが、トドについても日本海や太平洋岸に回遊し、鯨は縄文時代より食べていた記録があり、いずれも古くから日本の海に生息《せいそく》していた。

何もない大海原《おおうなばら》に、巨大なトドや鯨が突然ぬっと姿を現わすと、一瞬、黒い怪物に見えるというのももっともな話である。

そのほか、雲や大波の幻影説のほか、海難者を海坊主にたとえた説もある。

捕鯨の図

日本近海には、ザトウクジラやマッコウクジラなどが回遊しており、捕鯨も盛んに行なわれていた。こうしたことから、クジラの巨大な影が時として海坊主と見間違えられた可能性もある。（国立国会図書館所蔵）

海座頭《うみざとう》

鳥山石燕《とりやませきえん》は『画図百鬼夜行《えずひゃっきやぎょう》』で海座頭《うみざとう》を紹介している。

海座頭は、杖に高下駄《たかげた》、琵琶《びわ》を背負った「琵琶法師」のような姿をした妖怪である。海の沖合いに棲む海座頭は、月の終わりに海上を彷徨い歩いては、船を転覆させるといわれて恐れられた。

また、時には「お前の怖いものは何だ」と船上の人に呼びかけ、正直に答えると何もせずに立ち去ることもあるという。

座頭とは江戸期における盲人の階級のひとつ。当時の盲人は幕府の保護を受けており、按摩《あんま》、鍼灸《しんきゅう》、琵琶法師などを職分としていた。また、金銭貸付業としても高い金利を特別に許されており、高利貸しとして庶民から恐れられることもあった。海座頭もこの「座頭」にちなんだ名と考えられる。

第三章　襲う！

牛御前《うしごぜん》

浅草寺に現われた牛の妖怪とスサノオ神との因縁

スサノオと牛御前疫病神との関係

一二五一（建長《けんちょう》三）年、浅草《あさくさ》の浅草寺《せんそうじ》に牛のような妖怪が出現し、その毒気により、僧侶七人が即死、二四人が昏倒《こんとう》するという奇怪な出来事が発生した。これは牛御前社《うしごぜんしゃ》（現在の牛島《うしじま》神社）に祀《まつ》られる牛御前の祟《たた》りとされている。

牛御前とは、一説によると酒呑童子《しゅてんどうじ》退治で活躍した源頼光《みなもとのよりみつ》の弟、または妹といわれている。醜《みにく》い姿に生まれついた牛御前は、父に疎《うと》まれたため、武蔵《むさし》国で妖怪へと変貌し、最期は兄に討たれたという。

疫病をもたらす恙虫

その牛御前の原型は、記紀《きき》神話に登場するスサノオにまでさかのぼる。

牛島神社縁起《えんぎ》によれば、八六〇（貞観《じょうかん》二）年、スサノオが翁《おきな》の姿となって現われ、「私のために神社を建ててくれれば、国土に悩みがある時、牛の首をした姿で現われて守ろう」と開祖の慈覚大師《じかくだいし》に託宣《たくせん》。それ以来、牛御前と呼ぶようになったという。また、牛御前社には、突如現われた異形の牛が飛び入り、落としていった牛玉《ごおう》も残っている。

江戸の流行病年表（主なもの）

1716 ［享保１年］
疫病大流行

1720 ［享保５年冬］
「鍋かぶり」の奇病流行
［享保５年冬 → 翌春］
麻疹《はしか》流行

1736 ［元文１年２月］
疱瘡（天然痘）流行、
幕府より市民に薬を配る

1776 ［安永５年２月］
風邪流行「お駒風」と呼ぶ

1792 ［寛政４年春 → 秋］
百日ぜき流行

1802 ［享和２年２月 → ４月］
風邪流行、「お七風」と呼ぶ

1829 ［文政12年６月］
赤痢流行

1835 ［天保６年12月］→［天保７年３月］
風疹流行

1858 ［安政５年７月 → 10月］
コレラ流行、長崎を発端に諸国に広がり、江戸に至る（安政コレラ）

1862 ［文久２年７月 → ９月］
麻疹流行、猛威をふるう（文久麻疹）

夏越の祓・茅の輪くぐりにより無病息災を祈る。

スサノオと牛との関連は、奈良時代からの神仏習合《しんぶつしゅうごう》により、スサノオがインドの疫病《えきびょう》の神である牛頭天王《ごずてんのう》と習合したことにあるようだ。スサノオはこの習合により、疫病除けの神としても崇められた。

武塔神にまつわる蘇民将来説話

スサノオは、京都八坂《やさか》神社の牛頭天王と習合し、さらには牛頭天王に擬《ぎ》せられる武塔神《ぶとうしん》とも同一視された。この武塔神については、厄病《やくびょう》よけの茅《ち》の輪《わ》くぐりの由来となった「蘇民将来《そみんしょうらい》の説話」がある。

昔、蘇民将来と巨旦《こたん》将来の兄弟がいたが、兄は貧しく、弟は裕福な暮らしを送っていた。

ある時、旅をしていた武塔神が、巨旦将来の豪華な屋敷を訪れ、一日の宿を求めたが、無下《むげ》に断わられてしまう。続いて武塔神が蘇民将来を訪ねると、蘇民将来は貧しいながらも、精一杯もてなした。喜んだ武塔神は、「自分はじつはスサノオである」と正体を明かし、「疫病にかかったときは茅の輪を腰につければ逃れられる」と言い残して立ち去った。

そのおかげで蘇民将来たちは、厄病を免《まぬか》れることができたという。以降、京都の八坂神社などでは「夏越《なごし》の祓《はらえ》」の最後に厄除け、疫病除けとして茅の輪くぐりが行なわれている。

浅草と牛島神社

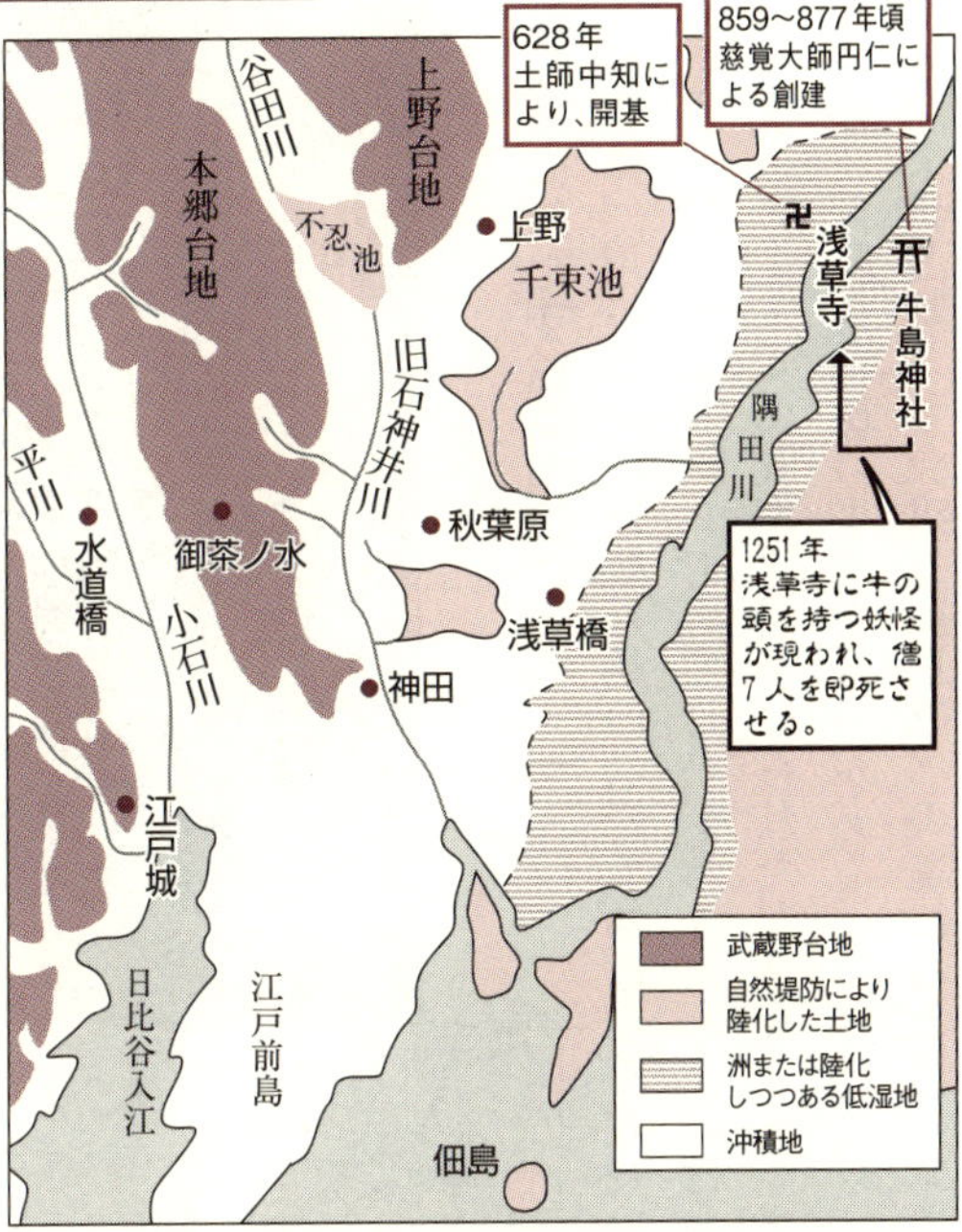
628年
土師中知に
より、開基
859～877年頃
慈覚大師円仁に
よる創建
谷田川
上野台地
本郷台地
不忍池
上野
千束池
浅草寺
牛島神社
隅田川
旧石神井川
平川
水道橋
御茶ノ水
秋葉原
1251年
浅草寺に牛の
頭を持つ妖怪
が現われ、僧
7人を即死さ
せる。
小石川
浅草橋
神田
江戸城
日比谷入江
江戸前島
佃島
武蔵野台地
自然堤防により
陸化した土地
洲または陸化
しつつある低湿地
沖積地

恙《つつが》虫《むし》

江戸時代、恐れられた伝染病といえば疱瘡《ほうそう》であった。

天然痘と呼ばれる疱瘡は、六世紀に中国から朝鮮経由で日本に入ってきて以来、感染性が強く、死亡率が高い病として人々を恐怖に陥れた。そのため疱瘡には鬼神が宿るという信仰も起こった。

この疱瘡の神は、人にとり憑くとされ、江戸時代には民間で祀る風習が盛んとなった。また疱瘡を追い払う「疱瘡祭」、治りかけの神を送り出す「疱瘡神送り」などの行事が行なわれた。また、「疱瘡絵」を門口に貼って、難を逃れるなどの風習も広まったようだ。

疱瘡封じに類似した話に恙虫《つつがむし》がある。七世紀、島根に人の生き血を吸って刺し殺す恙という虫が発生した。これを陰陽《おんみょう》師《じ》が封じたという。

濡《ぬ》れ女《おんな》

長い尻尾でどこまでも追ってくる川辺の蛇妖

巨大な蛇妖・濡れ女

柳の下にたたずむ女の正体

濡《ぬ》れ女《おんな》は、川岸や海岸に棲《す》む蛇の妖怪である。髪の長い女の顔で、下半身は大蛇。いつも髪の毛がびっしょり濡れていることから濡れ女と呼ばれている。その尻尾の長さは、じつに三六〇メートルに及ぶ。見つけられたが最後、どこまで逃げても巻きつかれてしまうという。江戸時代に次のような逸話がある。

越後国《えちごこく》（新潟県）と会津《あいづ》（福島県）の境にある川の岸には柳《やなぎ》が立ち並んでいた。いつしかこの柳の枝を切って柳行李《ごうり》を作り、生計を立てるよそ者たちが住みついた。地元の若者

濡れ女と清姫の伝説

女の蛇妖・濡れ女にまつわる伝説は全国に見られ、島根県では牛鬼が化けて現われた例が伝えられている。
島根県太田市
濡れ女に化けた牛鬼が染め物職人を喰おうとした。
檜の森
（新潟と福島の境）
千曲川の川岸にある柳の木を切り落としていたところ、濡れ女が現われ若者を食べた。
蛇身と化した清姫《きよひめ》
紀伊国（現・和歌山県）に住む長者の娘、清姫が熊野詣《くまのもうで》に赴く安珍《あんちん》にひと目ぼれして、言い寄った。安珍は帰りに寄るからとはぐらかした立ち去るが、いつまでたっても帰ってこない。だまされたと知った清姫は大蛇と化し、安珍を追いかけた。安珍は道成寺の鐘の中に逃げ込んだが、清姫は体を鐘に巻きつけ、龍頭を叩き、鐘の中の安珍を焼き殺したという。

たちがこの仕事を自分たちで独占しようと船を出し、柳の枝を切る暴挙《ぼうきょ》に出た。

ところが経験のない若者たちは船をうまく操作できず、川下の三角州《さんかくす》へ流されてしまう。そこにいたのが川で髪を洗う女。これこそが「濡れ女」であり、若者たちは襲われたのだ。

彼らは、叫び声を残して、船ともに跡形もなく消え去ったという。このほか、島根県には、濡れ女が赤子《あかご》を抱いてくれとせがんだという話もある。赤子を抱くと、岩のように重くなり、身動きができなくなる。そこへ今度は牛鬼《うしおに》が現われて襲う。

濡れ女は、蛇を錯覚《さっかく》した妖怪だといわれるが、体をくねらす蛇の仕草《しぐさ》が、女性的なものを連想させたのであろう。

牛鬼《うしおに》

様々な姿に化けて人をさらい喰い殺す牛頭の鬼

醜悪な姿の牛鬼

牛の顔を持つ巨大な化け物

「牛鬼《うしおに》」と呼ばれる妖怪は全国に分布する。なかでも西日本、とくに四国の山間部の水辺に数多く登場している。その姿は、頭が牛で体が鬼のものや水牛に似たもの、翼を持つもの、蜘蛛《くも》の体と牛の頭を持つものなど様々だ。

和歌山県には人を助けたという例もあるが、一般に出会うだけで人を病気にさせ、影をなめて喰い殺したり、人や家畜を襲っては殺したりする、凶悪な怪物として登場する。

香川県の高松《たかまつ》市には、翼を持つ牛鬼像が残されている。弓の名手山田《やまだ》蔵人《くらんど》高清《たかきよ》が、領

西日本の主な牛鬼伝説

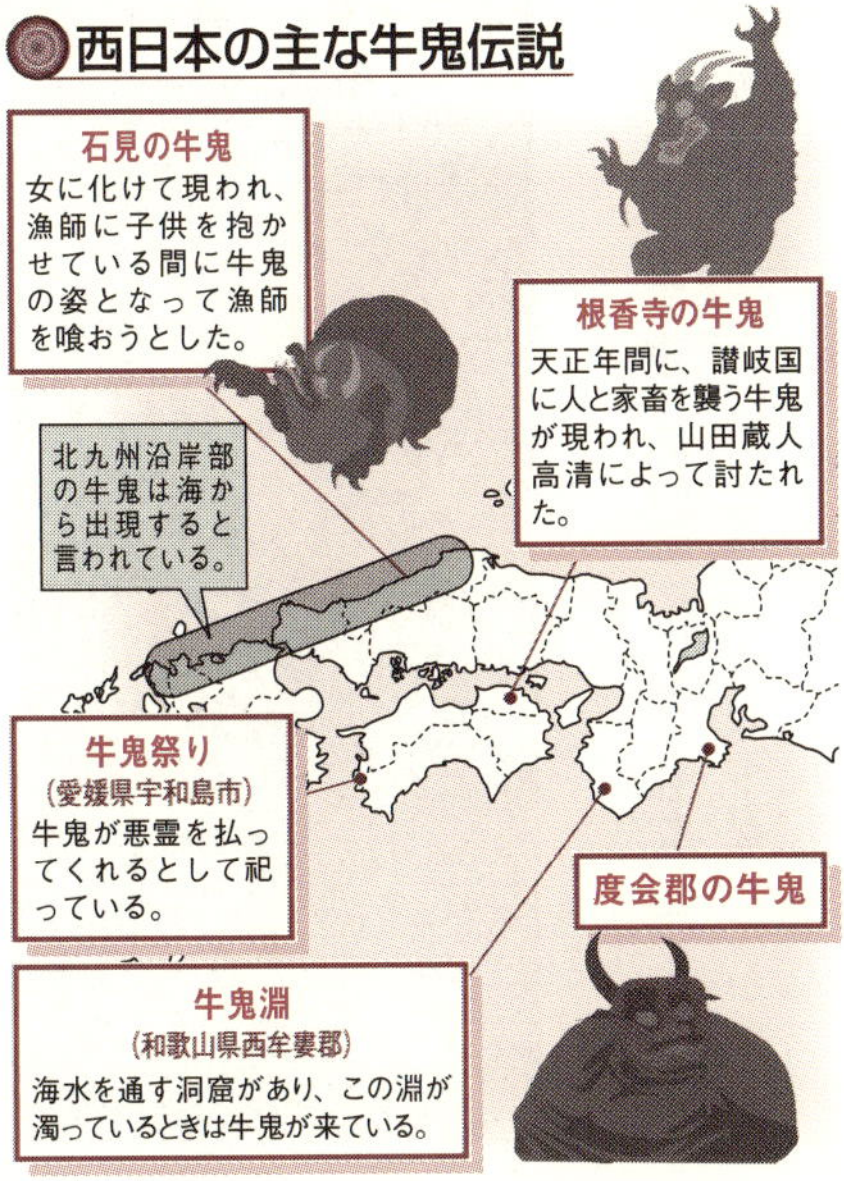

石見の牛鬼
女に化けて現われ、漁師に子供を抱かせている間に牛鬼の姿となって漁師を喰おうとした。
北九州沿岸部の牛鬼は海から出現すると言われている。
根香寺の牛鬼
天正年間に、讃岐国に人と家畜を襲う牛鬼が現われ、山田蔵人高清によって討たれた。
牛鬼祭り
（愛媛県宇和島市）
牛鬼が悪霊を払ってくれるとして祀っている。
度会郡の牛鬼
牛鬼淵
（和歌山県西牟婁郡）
海水を通す洞窟があり、この淵が濁っているときは牛鬼が来ている。

主の命を受け、人々を襲って困らせていた牛鬼を退治したと伝えられる。

怪物として恐れられる牛鬼だが、愛媛県の宇和島《うわじま》市では毎年牛鬼祭りが行なわれている。竹で作った牛の胴体に鬼の頭をかたどった山車《だし》のような牛鬼は五メートル前後。数十人が担いで歩くこの祭りは、恐ろしい妖怪を味方につけることで、災厄を避けようという発想から生まれたものだ。

なお、山陰や九州では水中に住む磯《いそ》女《おんな》や濡れ女とともに登場する場合もある。

この女が人間に子供を抱かせて、身動きできなくしたところを牛鬼が襲うのである。

九州の一部では、かつてこの磯女が艫綱《ろづな》をつたって船に侵入してきたことがあったため、停泊中の船に艫綱をとらない習慣がある。

安達ヶ原《あだちがはら》の鬼婆《おにばば》

誤って実の娘を殺してしまった哀しき鬼女

鬼気迫る狂気の鬼婆

誤って娘を殺し鬼婆と化した老女

福島県の二本松《にほんまつ》市安達ヶ原《あだちがはら》は平安時代から、

「みちのくの安達の（が）原の黒塚《くろづか》に　鬼こもれりときくはまことか」

と詠《よ》まれていた地である。この歌の通り、この地には鬼婆《おにばば》が住みついており、旅人が喰い殺されるという噂が囁《ささや》かれていた。鬼婆伝説と聞けば、空恐ろしい怪奇物語を想像するが、なんとも哀切《あいせつ》極まりない伝説として伝わっている。

じつはこの鬼婆は、元は京の公家《くげ》屋敷で病身の姫君の乳母《うば》をしていた女性である。姫の病気を治すために妊婦の生《い》き肝《ぎも》が必要だと知った乳母は、それを探す旅に出た。

それから十数年。安達ヶ原に落ち着いていた乳母のもとに、夫婦ものの旅人が宿を求めてきた。見れば妻のほうは身重《みおも》である。乳母は意を決して、その女性を殺し、生き肝をとった。だが、乳母は女性の持つお守りを見て愕然《がくぜん》とする。それはかつて自分が家を出た際、まだ幼かった娘に渡したものであった。殺害した妊婦が実の娘だと知った乳母は狂気のあまり、人を喰らう鬼女《きじょ》に化身してしまった。

数年後、阿闍梨祐慶《あじゃりゆうけい》という旅の僧がこの地を通りかかり、宿を求めて老婆の家を訪れた。老婆は閨《ねや》を見るなと言いおいて、薪《まき》を取りに外へ出た。だが、祐慶は好奇心を抑え難く、

『安達がはらひとつ家』の図
（月岡芳年画）

月岡芳年が描いた、妊婦の腹を引き裂こうとする鬼婆の姿。

こっそりとのぞいてしまう。思わず祐慶は「あっ」と声を上げた。なんとそこには人骨や腐乱した内臓が転がっていたのである。

祐慶は慌てて逃げ出すが、すぐに、髪を振り乱し、口は耳元まで裂けた恐ろしい形相の鬼婆が追いすがってきた。ついに追い詰められた祐慶が経文を唱えながら、如意輪観音《にょいりんかんのん》を取り出して対応すると、老婆は倒れて息絶えたという。

江戸近郊にも伝わる鬼婆伝説

鬼婆伝説は、東京都台東区《たいとう》にも伝わる。こちらは寝ている旅人に天井から巨石を落として、押しつぶして殺害する鬼婆の物語だ。

当時、この地は浅茅ヶ原《あさぢがはら》と呼ばれる草原で、夜は人通りのない寂《さび》しい場所と化した。鬼婆の噂は次第に近隣に聞こえるようになり、心配した娘が、これ以上罪を犯させたくないと、旅人の身代わりとなって命を落としてしまう。この母親が鬼婆と化したのも、娘が旅人に襲われたことが原因であった。

どちらの鬼婆伝説も、元は娘思いの母親が、不幸な出来事から、狂気の道に入り込んでしまったものだ。猟奇的《りょうきてき》な鬼婆の心の奥には、母の悲しみが秘められていたのである。

鬼婆が巣くった浅茅ヶ原

江戸においても安達ヶ原によく似た浅茅ヶ原の鬼婆伝説が伝わる。こちらでは旅人を泊めては頭に巨石を叩きつけて殺害していた鬼婆が描かれた。

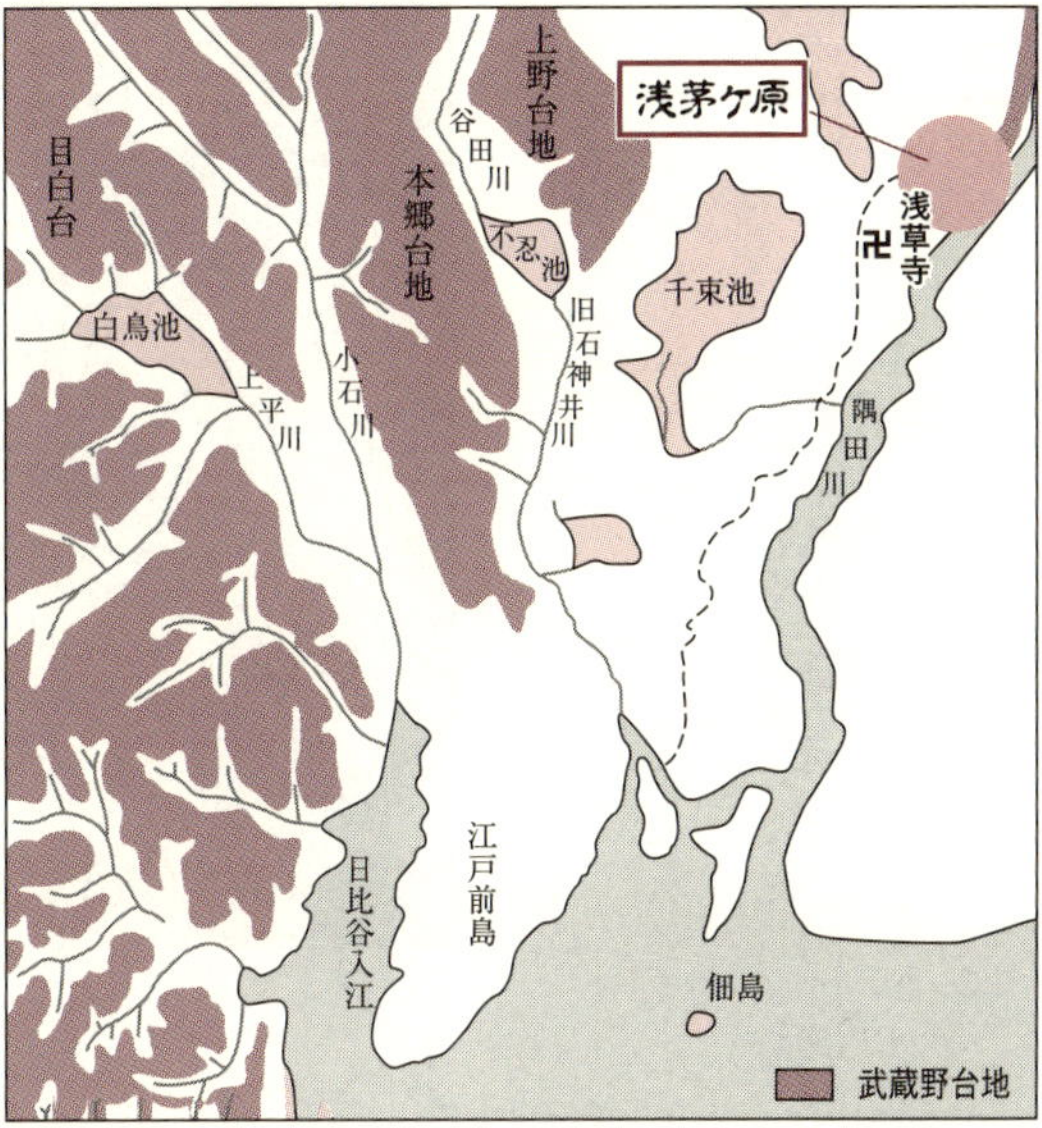

鬼女紅葉《きじょもみじ》

長野県の戸隠山《とがくしやま》にも鬼女伝説が伝わっている。

時は一〇世紀、この戸隠山に凶暴な鬼女が棲みついていた。鬼女退治を命じられた武士、平維茂《たいらのこれしげ》は、紅葉彩るこの山へと赴く。

彼は美しい紅葉の木の下に腰をおろし、酒を飲み始めた。いつしかひとりの美女が現われ、彼の酒の供をして、楽しい時間が過ぎた。

やがて、維茂は、水を飲もうとせせらぎに顔を寄せた。すると水に映った美女の姿は鬼の顔であった。彼はゆっくりと立ち上がると振り向きざまに鬼女を斬り倒したという。

鬼退治を成し遂げた人物について、大江《おおえ》山《やま》に巣食った酒呑童子《しゅてんどうじ》を退治したのは源氏《げんじ》の武士・源頼光《みなもとのよりみつ》であったが、戸隠山では平《へい》氏《し》となっている点も興味深い。

狂骨《きょうこつ》

井戸に捨てられた強い恨みを持つ骸骨の死霊

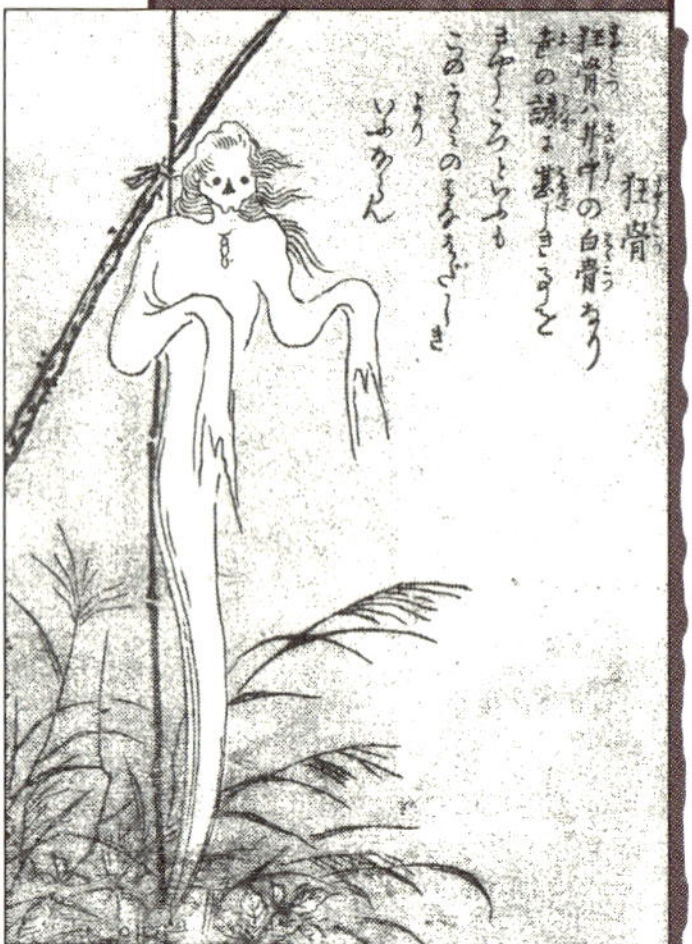

古井戸から現われる狂骨

骨になっても残る怨念

死んだ人間の躯《むくろ》はやがて白骨化し、骸骨《がいこつ》となる。この骸骨には洋の東西を問わず、人間の魂が宿ると考えられていた。

鳥山石燕《とりやませきえん》の画集『今昔百鬼拾遺《こんじゃくひゃっきしゅうい》』では、顔は骸骨で長い髪が生え、足のない亡霊が釣瓶《つるべ》より浮かび上がる「狂骨《きょうこつ》」という妖怪が描かれている。井戸に捨てられた強い恨みを持つ骸骨の死霊《しりょう》とされ、狂骨が現われるのは、自分の居場所を知らせるためといわれる。

多田克己《ただかつみ》によると、狂骨と井戸との関係は、「狂骨」は「軽忽《けいこつ》」「粗忽《そこつ》」が転じて「底《そこ》つ

世界に伝わる骸骨信仰

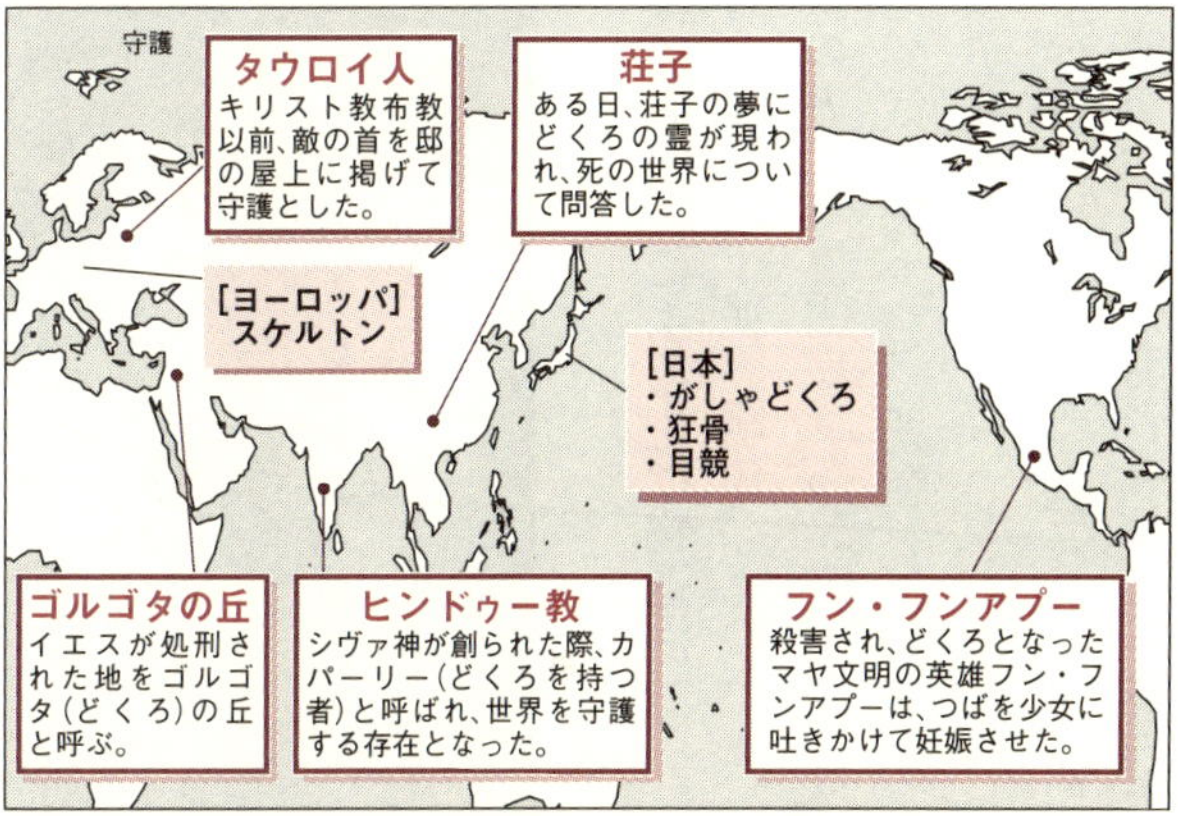
守護
タウロイ人
キリスト教布教以前、敵の首を邸の屋上に掲げて守護とした。
荘子
ある日、荘子の夢にどくろの霊が現われ、死の世界について問答した。
[ヨーロッパ]
スケルトン
[日本]
・がしゃどくろ
・狂骨
・目競
ゴルゴタの丘
イエスが処刑された地をゴルゴタ（どくろ）の丘と呼ぶ。
ヒンドゥー教
シヴァ神が創られた際、カパーリー（どくろを持つ者）と呼ばれ、世界を守護する存在となった。
フン・フンアプー
殺害され、どくろとなったマヤ文明の英雄フン・フンアプーは、つばを少女に吐きかけて妊娠させた。

人間の骸である骸骨にまつわる伝説は、世界に共通して残っている。とくに頭部であるしゃれこうべには、人の意志や力が宿ると考えられたようである。

者《もの》」となり、くめどもくめども尽きない強烈な恨みが深い井戸と結びついたとされる。

また、井戸は幽霊の出現を想起させる場所でもある。人々に大切な水をもたらす神聖な場所とされた一方、ほの暗い井戸の奥は、あの世への出入口と考えられた。そのためか、人が死ぬと蘇生《そせい》を願い、井戸に向かってその人の名前を呼ぶ風習が残る地方もあるという。

骸骨は井戸だけでなく様々な所に出没する。

昔は、行き倒れなどの遺体がごろごろ転がっていた。これらに魂が宿り、その恨みが集まって巨大化した妖怪が「がしゃどくろ」である。佐藤有文《さとうありふみ》の『日本妖怪図鑑』には、深夜二時ごろガシガシ音を立てて現われる人喰い骸骨との説明がある。

鵺《ぬえ》

猿の顔、狸の胴体、虎の手足、蛇の尾を持つ不気味な妖獣

御所を襲った妖獣・鵺

源氏の名将による化け物退治

鵺《ぬえ》は猿《さる》の顔、狸《たぬき》の胴体、虎《とら》の手足、蛇《へび》の尾を持つ妖怪である。平安時代末期、東三条《ひがしさんじょう》の森の方から黒雲《くろくも》が立ち来て、不気味な鳴き声とともに御殿を覆《おお》うと、近衛《このえ》天皇はひどく怯《おび》えて気を失った。妖怪を退治するよう命じられた源《みなもとの》頼政《よりまさ》は、見事鵺を射落とし、猪《い》早太《はやた》が九回刀で刺して、とどめを刺した。

その後、二条《にじょう》天皇の時代にも鵺が出没した。この時頼政は、まず闇夜に紛れた鵺を鏑《かぶら》矢《や》で驚かせ、その羽音を頼りに次の矢で射止めたという。

愛媛には、この鵺の正体を息子の出世を願う頼政の母の念が生んだものとする伝説がある。母の思いが鵺となり、あえて頼政の矢の的になったというものである。

また、鵺退治には歴史的背景もからんでいたようだ。東三条は藤原《ふじわら》氏ゆかりの地であり、そこから流れる黒雲は天皇を呪う暗示でもあった。皇位継承を巡る藤原氏の権力争いを象徴していたともされる。

平安京の条坊
鵺池
鵺を退治したあとに鏃を洗った池の跡。
鵺大明神
鵺を祀る場所。
大内裏
源頼政が鵺を退治した場所。
神明神社
源頼政が鵺を退治する前に祈願した場所。
大徳寺
鹿苑寺
船岡山
龍安寺
仁和寺
平安京
北野神社（天満宮）
持明院
賀茂川
高野川
鴨川
一条大路
大内裏（宮城）
朱雀門
平安神宮
右京
左京
三条大路
祇園社（八坂神社）
五条大路
朱雀大路
建仁寺
清水寺
西本願寺
東本願寺
蓮華王院
西寺
きょうと
東寺
西大宮大路
羅城門
東大宮大路
桂川
は平地を表す
0　1km

なお京都には、頼政が鵺を退治する前に祈願した神明《しんめい》神社や、鵺を祀る鵺大明神《だいみょうじん》、鵺を埋めたという清水寺《きよみずでら》などゆかりの地が残る。神明神社には頼政が鵺を射るのに用いた矢も伝わる。

「鵺」という名称は、トラツグミという鳥の別名に由来する。この鵺に似た妖怪に、雷《かみなり》とともに降ってくる雷獣《らいじゅう》がいる。姿形は文献で様々だが、『日本書紀《にほんしょき》』では大蛇の姿をしていたとある。

火車《かしゃ》

生前、悪行を重ねた者を地獄から迎えに来る業火の車

死体をさらう火車

死体を盗む猫の妖怪

火車《かしゃ》は、大風雨を起こして葬列中の死体をさらう妖怪で、化《ば》け猫《ねこ》のような姿で描かれる。

生前、悪業を重ねた死体を奪い、地獄へ送り込むともいわれている。呼び名はカシャのほか、キャシャ、クワシャ、テンマルなど、各地で異なるが、島根県や鹿児島県、関東などを中心に遺体をさらわれたという怪談が残されている。

火車とは、仏教においては地獄から迎えに来る業火《ごうか》の車のことである。これが人の死体を食べる妖怪、魍魎《もうりょう》と同一視され、さらに死臭に近づく猫と融合し、炎に包まれた化け

妖怪火車の誕生

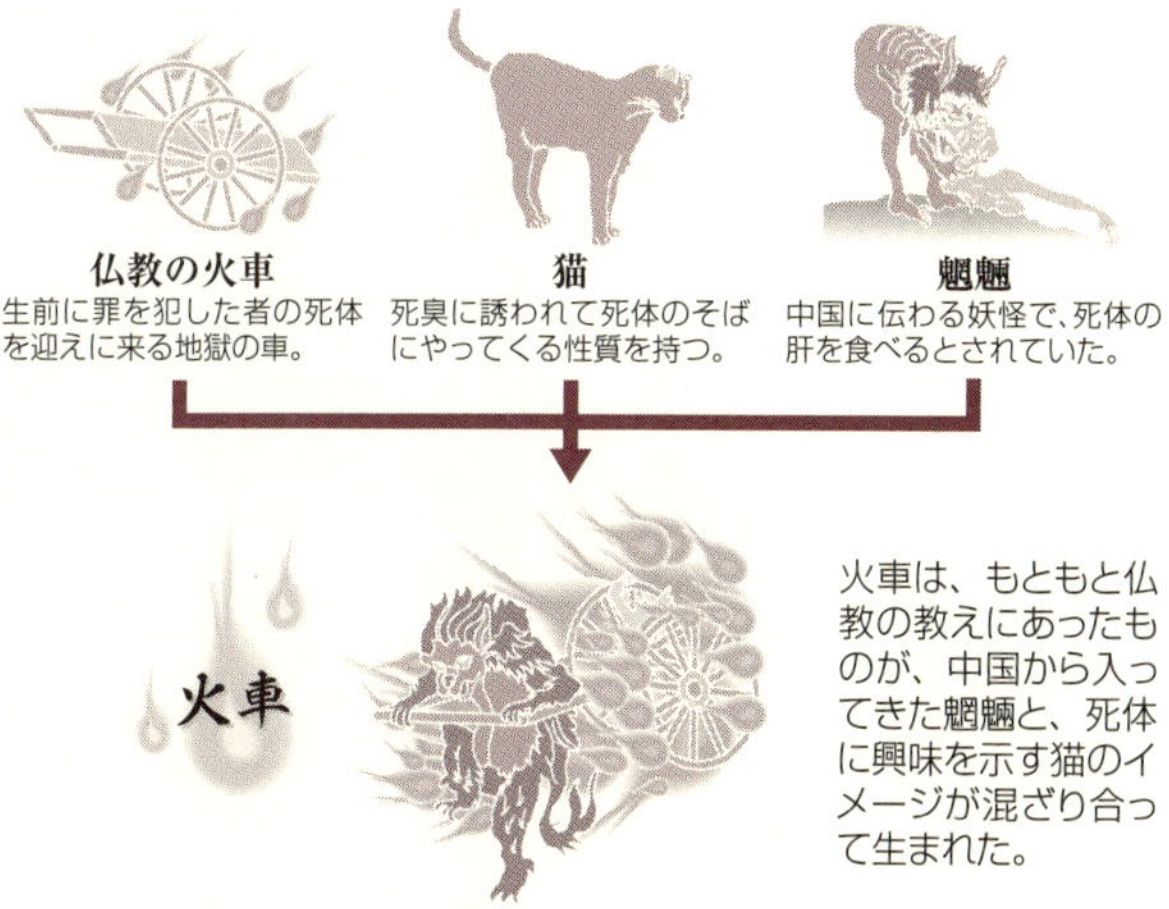
仏教の火車
生前に罪を犯した者の死体を迎えに来る地獄の車。
猫
死臭に誘われて死体のそばにやってくる性質を持つ。
魍魎
中国に伝わる妖怪で、死体の肝を食べるとされていた。
火車
火車は、もともと仏教の教えにあったものが、中国から入ってきた魍魎と、死体に興味を示す猫のイメージが混ざり合って生まれた。

猫の妖怪「火車」へと昇華したのである。

ここから一説では猫が年をとると火車になるともいわれている。猫は、「死人に近づけてはいけない」「棺桶《かんおけ》をまたがせると死人が出る」など死体との関わりを伝える迷信も多い。

島根県にはこんな話が残っている。葬列の途中、にわかに嵐がまき起こり、棺桶の中の遺体が消えた。上を見ると、墓地の枝に遺体の白い着物だけがひっかかっていた……。

火車から逃れるには、葬式を取り仕切る僧侶が数珠《じゅず》を空に投げると何も起こらないという。

ただし、火車が狙うのは死体だけではない。武州《ぶしゅう》（埼玉県）では、油屋安兵衛《あぶらややすべえ》が突然「火車が来る」と叫び、その十日後に亡くなった。遺体の腰から下が腐っていたという。

輪入道《わにゅうどう》

魂を奪い去る車輪の化け物

車輪の妖怪・輪入道

都の大通りを激走する車輪

平安時代の京都。賀茂大路《かもおおじ》を夜歩いていると、後ろから牛車《ぎっしゃ》のきしむ音が聞こえてくる。振り返ってみると、その牛車のめくれあがった御簾《みす》の中から、夜叉《やしゃ》のような巨大な女の顔が現われた……。

この妖怪は「朧車《おぼろぐるま》」と名づけられ、平安時代以降に見られるようになった乗り物・牛車に由来する。牛車は文字通り牛が引く乗り物で、主に公家が用いた。彼らは町で何か催しがあるときなどに牛車で移動し、そこから見物をしたのだが、時として、牛車に乗った

輪入道の出現地

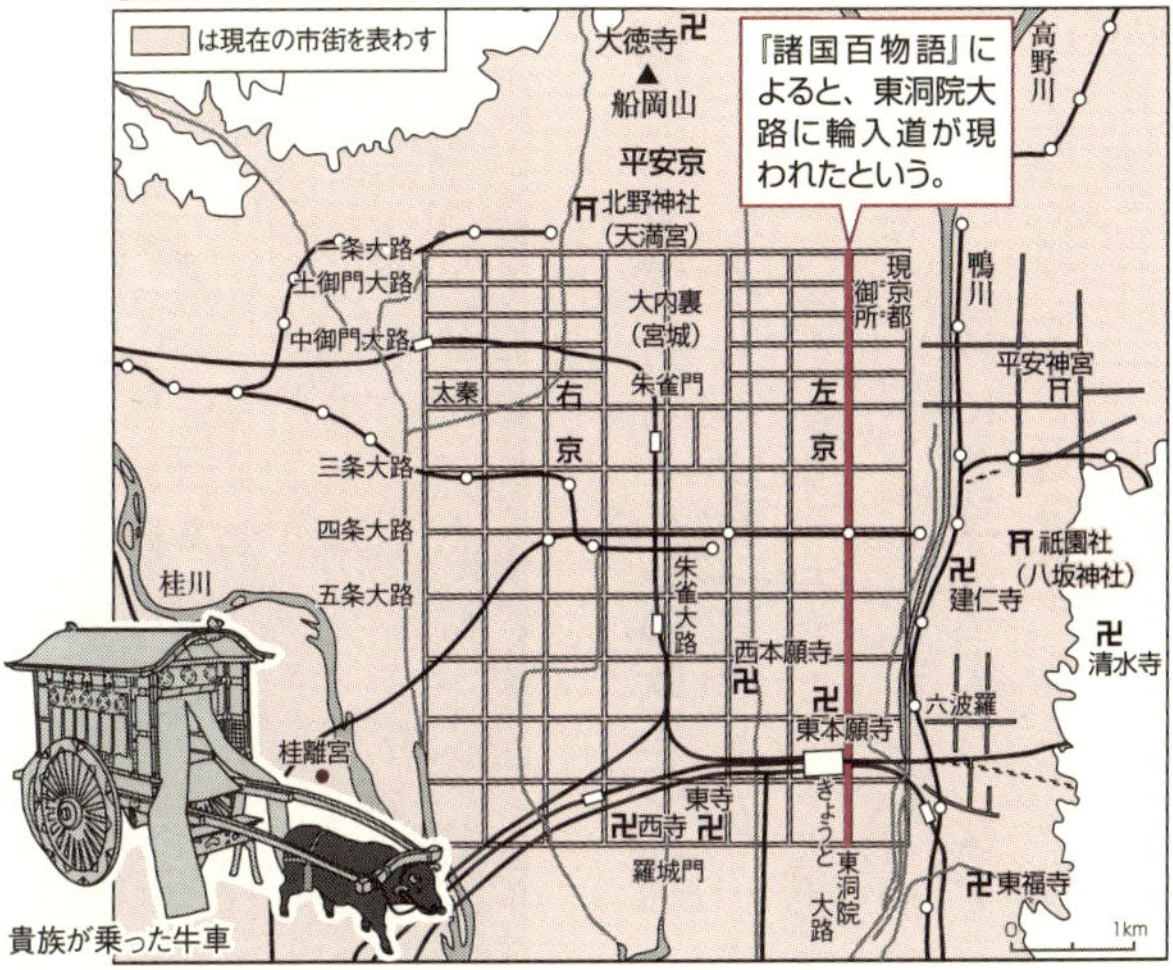
は現在の市街を表わす
『諸国百物語』によると、東洞院大路に輪入道が現われたという。
大徳寺
船岡山
平安京
北野神社
（天満宮）
高野川
鴨川
一条大路
土御門大路
中御門大路
大内裏
（宮城）
現御所
京都
平安神宮
太秦
右京
朱雀門
左京
三条大路
四条大路
五条大路
桂川
朱雀大路
祇園社
（八坂神社）
建仁寺
清水寺
西本願寺
東本願寺
六波羅
桂離宮
東寺
西寺
羅城門
きょうと
東洞院大路
東福寺
0
1km
貴族が乗った牛車

貴族同士の間で見物場所をめぐる争いが起こった。これを車争《くるまあらそ》いというのだが、このときに生じた怨念が朧車となって夜の賀茂大路を彷徨《さまよ》うのだという。

また、時代が下ると炎に包まれた車輪の真ん中に男の顔を持つ輪《わ》入道《にゅうどう》という妖怪が登場する。炎を上げながら町中を徘徊《はいかい》し、これを見た者は魂を抜かれるといわれた。

この輪入道から逃れるには「此所《ここ》勝母《しょうぼ》の里《さと》」というお札《ふだ》を戸口に貼っておけばよいという。このお札については、孔子《こうし》の弟子の曾《そ》子《し》が「母に勝つ」という地名を嫌って勝母の里に近寄らなかったことに由来するようである。

この輪入道のような車の妖怪は、当時の車の発展が一因となったと考えられる。

カイナデ

あの世とこの世をつなぐ厠に潜む謎の白い手

家の中の妖怪のひとつ天井嘗め

現代にも噂されるトイレの妖怪の元祖

トイレにまつわる怪談は数多く、昔から恐怖の対象だったようだ。そのひとつが、節分《せつぶん》の夜に便所に行くとカイナデという妖怪に尻を撫《な》でられるというもの。姿形は不明だが、「赤い紙やろか、白い紙やろか」という呪文《じゅもん》を唱《とな》えれば、何もされないと伝えられる。

この怪談が学校にも持ち込まれ、女子トイレに入ると、「赤い紙やろか、白い紙やろか」という声が聞こえ、返事をすると尻を撫でられるという話が広まった。

内容は次第にエスカレートし、都市伝説化。尻を撫でられるだけでなく、血を抜かれる、

旧家における各部屋に宿る妖怪

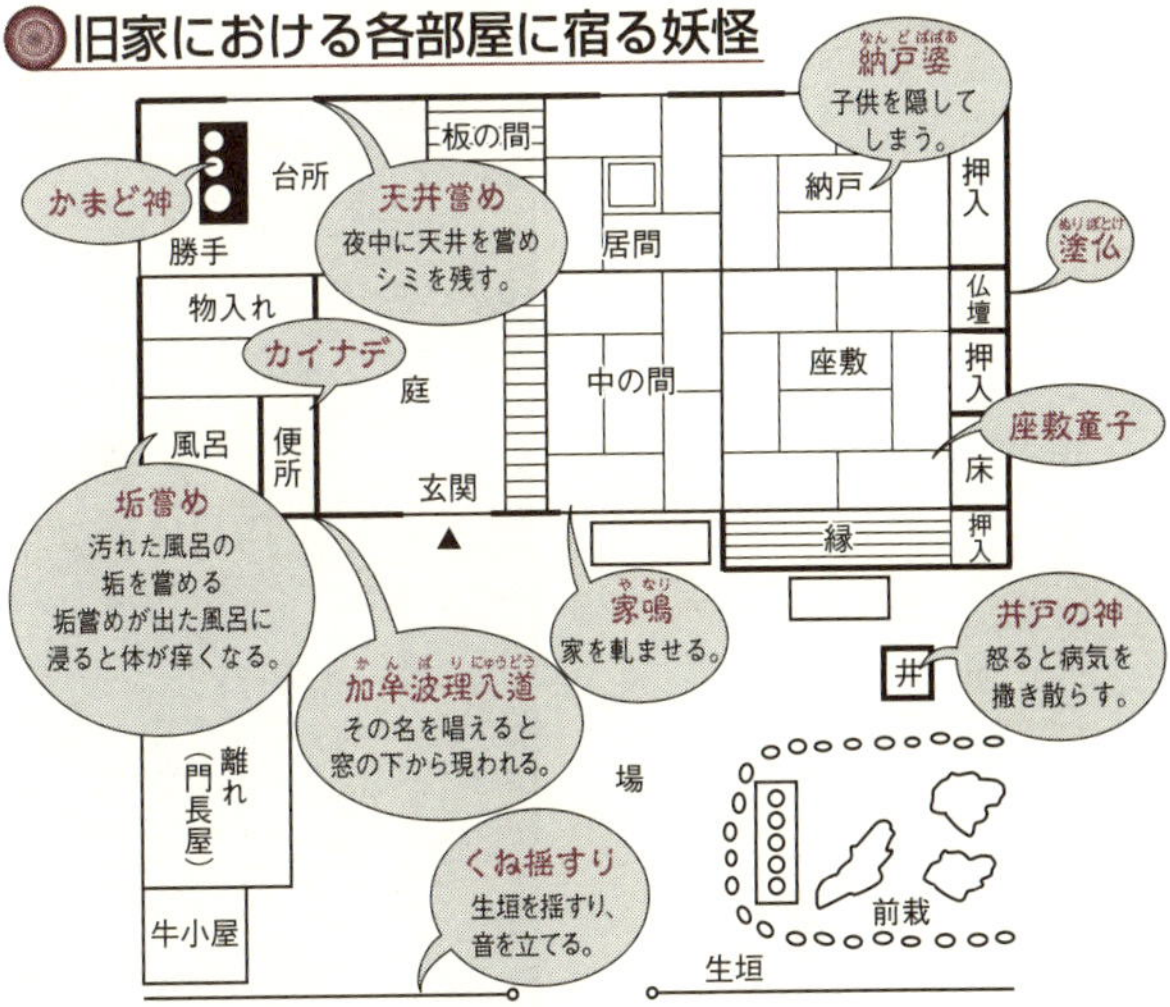

納戸婆《なんどばばあ》
子供を隠してしまう。
板の間
台所
かまど神
勝手
天井嘗め
夜中に天井を嘗めシミを残す。
居間
納戸
押入
塗仏《ぬりぼとけ》
仏壇
物入れ
カイナデ
庭
中の間
座敷
押入
座敷童子
風呂
便所
玄関
床
押入
縁
垢嘗め
汚れた風呂の垢を嘗める
垢嘗めが出た風呂に浸ると体が痒くなる。
家鳴《やなり》
家を軋ませる。
井戸の神
怒ると病気を撒き散らす。
井
加牟波理入道《かんばりにゅうどう》
その名を唱えると窓の下から現われる。
離れ（門長屋）
場
前栽
くね揺すり
生垣を揺すり、音を立てる。
牛小屋
生垣

首を絞められるという結末に発展している。色も赤と白だけでなく、青や紫まで登場した。

古来、日本には便所を祀る風習もある。

そもそも節分の夜における便所の怪異現象は、中国の紫姑神《しこしん》がひとつのルーツといわれている。先妻が後妻を便所で殺害し、その後、便所に怪異が起こるようになったため、先妻の悪事が明るみに出た。以降、中国では便所を清潔にし、神を祀るようになったという。

こうした風習が日本に伝わり、お札を貼ったり、注連縄《しめなわ》を飾ったりするようになった。加えて、便所の暗く恐ろしいという観念も怪談を生む下地となった。トイレは、いつしかあの世とこの世をつなぐ空間と考えられ、畏《い》怖《ふ》と信仰の対象になったのである。

鉄鼠《てっそ》

怨霊となって憎き延暦寺を襲った八万四千の鼠

経典をかじる鉄鼠の群れ

願い破れた僧侶の恨み

古来、鼠《ねずみ》は、様々なものを喰い荒らし、害をもたらす動物として忌《い》み恐れられた。なかでも書物や経典が残る寺院にとっては、鼠の害には頭を悩ませた。猫が輸入されたのも、経典などを鼠から守るためであったようだ。

平安時代末期、三井寺《みいでら》（園城寺《おんじょうじ》）の頼豪阿闍梨《らいごうあじゃり》は白河《しらかわ》法皇の命《めい》で皇子誕生を祈願《きがん》し、成功した。何でも望みを叶《かな》えるという法皇に、頼豪は三井寺に戒壇院《かいだんいん》を設けたいと願った。

戒壇とは、公認の僧を認める権限のこと。当時はわずかな寺にしか許されていなかったが、三井寺のライバル比叡山延暦寺《ひえいざんえんりゃくじ》には認められていた。

三井寺と延暦寺は同じ天台宗《てんだいしゅう》だが、開祖最澄《さいちょう》の死後、延暦寺と三井寺の二派に分裂し、抗争を繰り広げていた。三井寺の僧侶は戒壇を受けるために宿敵の延暦寺に赴かなくてはならない。三井寺にとって戒壇院を設けることは長年の悲願であった。だが、法皇は延暦寺の反発を恐れて頼豪の願いを許可しなかった。憤慨《ふんがい》した頼豪は「天皇に二言はないはず。皇子を道連れに魔道《まどう》に堕《お》ちる」と告げ、じきに死んだ。一説には断食《だんじき》して憤死《ふんし》したともいう。

園城寺と延暦寺

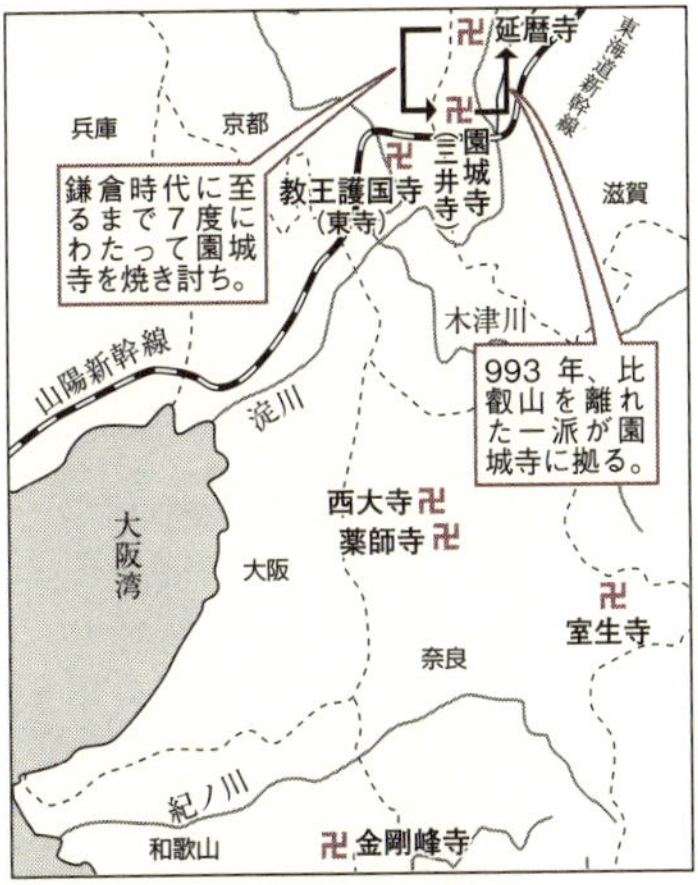

延暦寺を離れた僧が園城寺に拠ったことから、両寺は激しく対立。この対立から鉄鼠が生まれた。

やがて皇子の枕元に白髪の老僧が現われるようになり、皇子も亡くなった。

それでも頼豪の怨念は鎮まらず、死の直前に吐いた息が八万四千の鼠と化した。その鼠は鉄の牙《きば》を持ち、『画図百鬼夜行』では「鉄鼠《てっそ》」と名づけられている。

この鼠の大群は延暦寺へ押し寄せ、仏像や経典をかじった。慌てた比叡山の僧侶は「鼠の禿倉《ほぐら》」を建て、頼豪を祀った。

第三章　襲う！

夜行《やぎょう》さん

忌み日に現われるひとつ目入道と百鬼夜行

夜行さんに似た青坊主

忌み日の象徴

節分《せつぶん》、大晦日《おおみそか》、庚申《こうしん》の夜、夜行日《やぎょうび》に首のない馬に乗って現われるひとつ目の妖怪が夜行さんである。遭遇《そうぐう》すると投げられ、または殺されるともいわれる。助かるには、地にひれ伏して頭に草履《ぞうり》をのせておくとよいという。

夜行日には、多くの鬼が徘徊《はいかい》する百鬼夜行《ひゃっきやぎょう》が現われ、これに出会うと命を落とすといわれた。『拾芥抄《しゅうがいしょう》』によると、夜行日は正月・二月は子《ねの》日《ひ》、三・四月は午《うまの》日、五・六月は巳《みの》日、七・八月は戌《いの》日、九・一〇月は未《ひつじの》日、一一・一二月は辰《たつの》日とされる。

貴族が遭遇したふたつの百鬼夜行

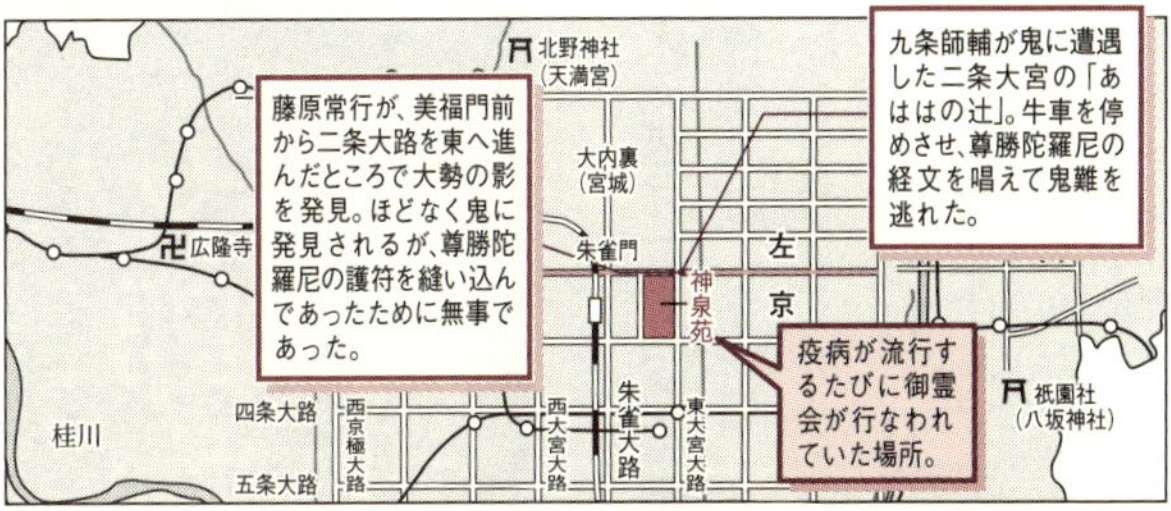
北野神社
（天満宮）
大内裏
（宮城）
朱雀門
広隆寺
神泉苑
左
京
四条大路
五条大路
桂川
西京極大路
西大宮大路
朱雀大路
東大宮大路
祇園社
（八坂神社）
藤原常行が、美福門前から二条大路を東へ進んだところで大勢の影を発見。ほどなく鬼に発見されるが、尊勝陀羅尼の護符を縫い込んであったために無事であった。
九条師輔が鬼に遭遇した二条大宮の「あははの辻」。牛車を停めさせ、尊勝陀羅尼の経文を唱えて鬼難を逃れた。
疫病が流行するたびに御霊会が行なわれていた場所。

『百鬼夜行図』
中世に入ると百鬼夜行の様子は盛んに描かれた。

夜行日は夜間の外出が控えられたが、運悪く百鬼夜行に遭遇した例が説話集に見える。右大臣《うだいじん》で陰陽道《おんみょうどう》の大家としても知られる九条師輔《くじょうもろすけ》は、牛車で二条大宮《にじょうおおみや》の「あははの辻《つじ》」を通行中、鬼たちに遭遇。牛車を停止させ、経文を唱えてやり過ごしたという。

藤原常行《ふじわらのつねゆき》は愛人宅へ行くため二条大路を通っていたら、異形の鬼たちと鉢合わせした。常行を発見した鬼たちは、彼のほうへ向かってきたが、そばまで寄ってきたところで、なぜか逃げ返った。常行が助かったのは、着物の襟首《えりくび》に「尊勝《そんしょう》陀羅尼《だらに》」の護符《ごふ》を縫いこんでおいたためである。「尊勝陀羅尼」は経文の中でも効験《こうけん》あらたかなもので、前の師輔も尊勝陀羅尼を唱えて難を逃れたのである。

第三章　襲う！

女郎蜘蛛《じょろうぐも》

近づく者を糸で絡め 滝壺に引き込む蜘蛛のあやかし

「天城越え」の名所に伝わる蜘蛛の恐怖

女郎蜘蛛《じょろうぐも》は「絡新婦《じょろうぐも》」とも書かれ、昼間は美しい女性の姿、夜は巨大な蜘蛛の姿となって本性を現わす。尻から出す糸で男を絡《から》めとり、生き血を吸うのである。この蜘蛛に関して、賢淵《かしこぶち》と名づけられた話が伝わっている。

滝のほとりで休んでいた男の足の親指に、一匹の蜘蛛が糸をかけた。男はその糸を近くの切り株に巻きつけた。しばらくすると切り株が根こそぎ引っ張られ、滝に引き込まれた。水の中からは「賢い、賢い」という声が聞こえたという。これが賢淵の由来とされる。

恐るべき力を秘めた女郎蜘蛛

同様の伝説が伊豆半島天城山麓《あまぎさんろく》の浄蓮《じょうれん》の滝《たき》にも伝わっているが、こちらには後日談がある。何年かのち、別の男がその滝にナタを落としてしまう。男が滝壺に入ろうとしたところ、美女が現われて落としたナタを返してくれた。だが、同時に自分が絡新婦であることを明かし、見たことを口外しないようにと忠告した。しかし、男は酒の席でつい口走ってしまう。酔って眠り込んだ彼は、二度と目を覚ますことはなかったという。

近畿地方の土蜘蛛伝説

源頼光の蜘蛛塚
(上品連台寺内)
源頼光に退治された土蜘蛛の塚。
琵琶湖
京都市
蜘蛛窟
(高天彦神社東方の山中)
神武天皇が土蜘蛛を滅ぼし、クモ窟に閉じこめた。
御所市
蜘蛛塚
(一言主神社)
神武天皇に討たれた土蜘蛛の塚。

土蜘蛛はまつろわぬ人々の一派の蔑称だったが、いつしか巨大な蜘蛛の怪物として描かれた。

これらの伝説から、蜘蛛は畏《おそ》れを抱かれるとともに、水霊的性格を持っていたことがわかる。

かつて、その年の豊作を占うために蜘蛛合戦が行なわれたというが、何かを予兆する生物とも考えられていたのかもしれない。

一方、その不気味な行動と姿が畏怖《いふ》の対象とされた。それゆえ怪異譚も多く伝わっている。

二口女《ふたくちおんな》

食事を食べない女房が垣間見せた戦慄の正体

喰わず女房の正体は二口女

昔話で有名な化け物

「喰わず女房《にょうぼう》」という昔話をご存知だろうか。

吝嗇家《りんしょくか》の男が、飯を食べないという女と夫婦になった。ところが、女房が後頭部にある口で大喰いしているのを覗《のぞ》き見してしまう。夫は仰天し、追い出す算段《さんだん》をするが、ここから先は東日本と西日本の伝承では少し異なっている。

女の正体を山姥《やまうば》や鬼女《きじょ》とするのが東日本である。宮城の説話では、男は逃げ出して菖《しょう》蒲《ぶ》の中に隠れた。鬼女は菖蒲の中に入ると溶けてしまうため、あきらめて立ち去り、男は命拾いをする。ここから五月五日に家に菖蒲を挿《さ》して魔除《まよ》けとする風習が広がったという。

一方、西日本では女房の正体は蜘蛛である。こちらも男は逃げ出すが、女房が「蜘蛛になって殺しにいく」と吹聴《ふいちょう》しているのを聞き、夜、家に来た蜘蛛を火にくべて殺したという。そのため「夜グモは親に似ていても殺せ」ということわざと共に語られたという。

後頭部に大きな口を持つという妖怪話には、もうひとつ類型が存在する。

継母《ままはは》が先妻の子に食事を与えず、餓死させた。それから四九日後、夫が振り上げた斧《おの》が妻の後頭部を割り、その傷はやがて口のようになった。

そこから「先妻の子を殺したのは間違いだった」という声が起こり、傷口に食べ物を入れないと、痛みが治まらなかったという。

これらが妖怪二口女《ふたくちおんな》として伝承化していったと考えられている。

妖怪との結婚と結末

安倍晴明《あべのせいめい》出生譚	安倍保名は、森で白狐を助ける。白狐は人間の女性に姿を変え、保名の妻となって晴明を産む。だが、本当の姿を幼い晴明に見られ、森へ帰ってしまう。
蛙女房	ある男が、実家で法事があると言って出かけた妻の後をつけると、妻は池に飛び込んだ。池では蛙がたくさん鳴いており、男が石を投げ込んだところ、帰ってきた妻は「法事中に石が投げ込まれた」と言う。男がそれは自分だと白状すると、妻は出て行ってしまった。
女化原《おなばけがはら》の狐	千葉の女化原に棲む狐が人間と結婚し子をなしたが、亭主に狐の姿を見られ去っていく。その末っ子（孫とも）が「関東の孔明」と称された栗林義長だという。
小倉藩の卯乃《うの》	小倉藩主の中屋敷の下女卯乃が突如姿を消し、3か月後に縁の下で発見された。彼女は若い男3人と暮らしていたというが、人々はそれは縁の下の狸のことであろうと語り合った。

妖怪との結婚はそのほとんどが不幸な結末を迎えている。

雪《ゆき》女《おんな》

吹雪の夜に現われ
すべてを凍らせる純白の妖女

すべてを凍りつかせる雪女

雪女の恩返し

東北、北陸をはじめとする雪国には、雪女《ゆきおんな》の伝承が多い。雪女の類型をなす妖怪は、室町時代から語られていたが、もともと雪女は歳神《としがみ》的性格を帯びていたようだ。そのため、岩手県の遠野《とおの》では小正月《こしょうがつ》の夜に子連れで遊び、青森では元旦に来訪するといわれている。

その吹雪《ふぶき》や幻想的な部分が強調され、吹雪の日に現われるという伝承が形成されていった。有名なのは長野地方の伝説だ。のちに小泉《こいずみ》八雲《やくも》が『怪談』の中で紹介している。

吹雪の晩、山小屋に泊まったきこりの茂作《もさく》と箕吉《みのきち》父子の前に雪女が現われ、茂作を凍死させ、箕吉には他言《たごん》すると殺すと言い残して立ち去った。

　それから十数年、箕吉はその後に知り合った妻との間に数人の子を儲けていた。ある吹雪の晩、箕吉は妻に、うっかり昔、雪女と出会ったと口をすべらせた。じつは、妻の正体こそが雪女であった。妻は子供のために箕吉の命はとらず、立ち去ったという話である。

　このように雪女と結婚したあとで夫が約束違反を犯し、妻が去っていくという話は、新潟などほかの地域にも見られる伝承の類型である。そのほか、三メートル近くもある雪女や、旅人や嫁として訪れた雪女が、温かすぎて溶けてしまう話が各地に存在する。

　山形県の最上《もがみ》地方には、泊めてあげた女は翌朝、溶けていたが、代わりに金塊が置かれていたという報恩《ほうおん》譚《たん》もある。また、美しい雪女が男をだますという話も多い。

東北地方の雪女

正月元旦に現われ、初卯の日に帰る。
津軽地方
男のもとにやって来て嫁になり、子をもうけるが、春になると忽然と姿を消す。
秋田市
小正月の夜に子連れで現われ遊ぶ。
遠野市
夜中に村を駆け回って子を連れ去り、我が子に喰わせる。
最上市
氷柱が女性となり、嫁に入るが、カマドの前で溶けてしまう。
東根市
雪の晩に訪れた娘を暖かくして寝かせてやったところ、翌朝には溶けてしまった。
長岡市
旅人に話しかけ、背中を見せた瞬間に谷へ突き落とす。
磐城地方

こらむ

百物語を表現することで隆盛を極めた化物絵——妖怪絵画

グロテスクから親しみやすい妖怪へ

人々の妖怪に対するイメージを視覚化させたのが、妖怪絵画である。中世には「百鬼夜行図《ひゃっきやぎょうず》」が盛んに描かれたが、なかでも土佐光信《とさみつのぶ》の作と伝わる『百鬼夜行絵巻《えまき》』が名高い。

鬼や楽器、台所用具などが妖怪と化し、賑《にぎ》やかに行進していく様は、独特の世界を構築したものである。

江戸期になると様々な妖怪が描かれたが、妖怪絵図の金字塔《きんじとう》を打ち立てたともいえるのが、鳥山石燕《とりやませきえん》の『画図百鬼夜行』である。

それまでの妖怪を整理、分類した妖怪百科ともいうべき画集で、様々な妖怪たちに名前や定義を与えた。しかも、それまでのおどろおどろしい妖怪とは違い、親しみやすく人間的な表情を持った愛嬌《あいきょう》のある姿を描いた。妖怪を身近な存在へと変容させたのだ。

彼は一連のシリーズの中で、古代から伝わる日本の妖怪や中国の妖怪、創作したものまで計一五〇種もの妖怪を紹介している。

身も凍るような幽霊像を作り出したのが、円山応挙《まるやまおうきょ》である。写実的な絵の手法を生み出した彼は、その手法を幽霊の絵にも活かした。中空に浮かぶ足のない幽霊を初めて描き、幽霊を異界《いかい》の存在へと転化せしめたのである。

その後、浮世絵師《うきよえし》たちが独自の解釈によって様々な妖怪画を描いていった。

葛飾北斎《かつしかほくさい》は、洋風銅版画による技法を活かして生き生きとした妖怪を描き出した。彼は『北斎漫画《ほくさいまんが》』の中の妖怪や、晩年には『百物語《ひゃくものがたり》』で独自の解釈を加えたお岩などを生み出している。

文明開化とともにハイカラになる妖怪

その後、妖怪の浮世絵は明治時代に引き継がれた。

洋画の手法を導入して妖怪画を描いた河鍋暁斎《かわなべきょうさい》は、七歳で歌《うた》川国芳《がわくによし》の弟子となり、九歳のときには、神田川《かんだがわ》に流れ着いた生首《なまくび》を写生する奇行を演じている。当初は風刺絵《ふうしえ》を多く描いたが、投獄されてのちは、妖怪の絵を描いた。

彼の妖怪は、洋画の手法を取り入れ、近代的な一面を持ったハイカラな画風で人々に新鮮な印象を与えた。

彼の弟弟子にあたる画家、月岡芳年《つきおかほうねん》の妖怪図は、人々を楽しませることに主眼を置いていたようだ。幽霊図が真に迫っていたため、自身が驚いてしまう円山応挙の姿など、遊び心をちりばめた絵画を残している。

彼をもって、浮世絵の手法による妖怪図は終焉《しゅうえん》を迎えたといわれている。

第四章

悪戯する！

―人々に悪さをしては喜ぶ妖怪たち―

おいてけ堀《ぼり》

釣り人の釣果を奪う本所の怪奇現象

おいてけ堀の怪現象

魚を奪っていくおいてけ堀の怪

古今東西、世界各地に七不思議《ななふしぎ》と呼ばれるものが存在するが、日本にも様々な七不思議が語り継がれている。

なかでも江戸は本所《ほんじょ》、千住《せんじゅ》、麻布《あざぶ》に古い形の七不思議が残っており、とくに「本所七不思議」が有名である。当時の本所は葦《あし》の茂るうら寂しい場所で、夜ともなれば、魑魅魍魎《ちみもうりょう》が出没する妖しい雰囲気を漂わせていた。七不思議が語られたのもそれゆえであろう。

その代表ともいえるのが「おいてけ堀《ぼり》」である。本所の一角に錦糸堀《きんしぼり》という小さな掘割《ほりわり》

江戸市中で七不思議の伝わる地

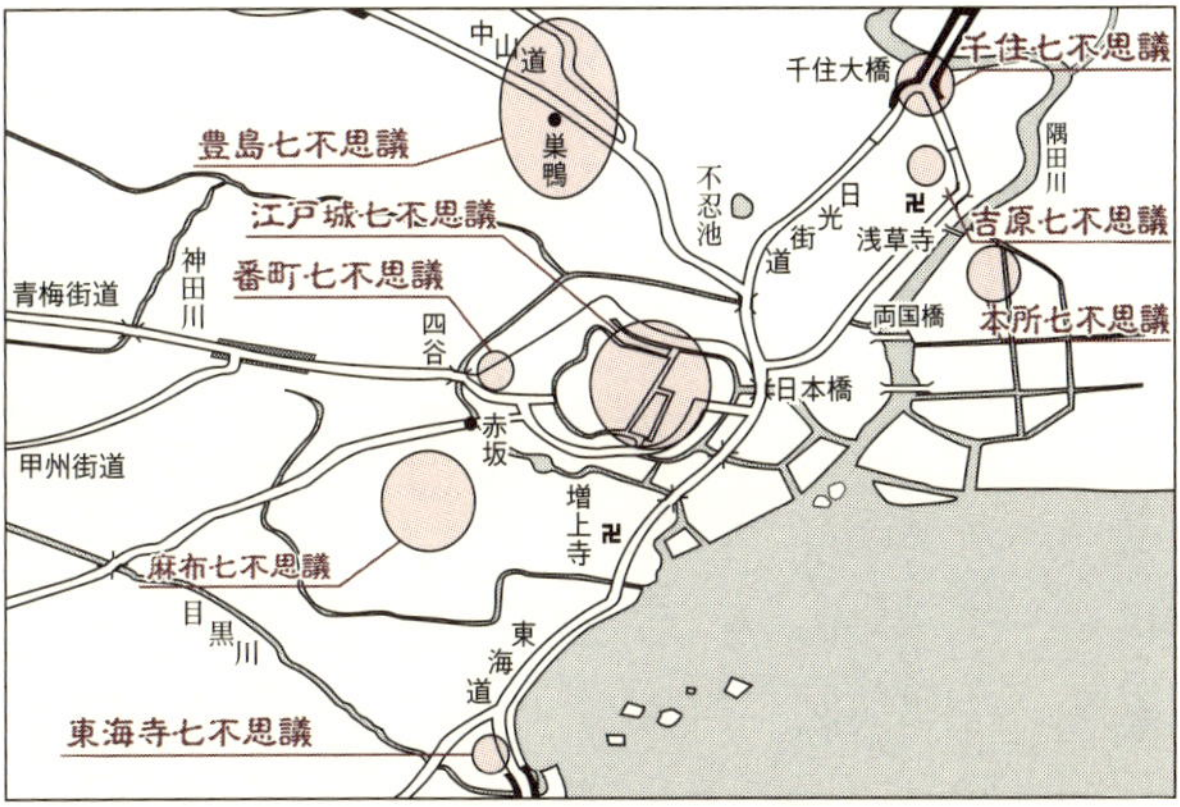

江戸においては下町の本所のみならず、江戸城中においても七不思議が語られ、人々の興味を惹くと同時に、恐怖を抱かせてきた。

があり、魚がよく釣れることで知られていた。だが、そこは日が落ちると途端に不気味な静寂に包まれてしまう場所。上機嫌の釣り人は急いで釣果《ちょうか》を手に帰途につこうとした。

　すると、堀から「おいてけー、おいてけー」という声がする。辺《あた》りを見回しても、人影はどこにもない。気味が悪くなった釣り人が慌てて立ち去り、ひと息ついたところ、魚篭《びく》の中が空っぽになっていたという。

　仕方なく帰る人もいれば、堀に落ちる人もいたといわれ、妖怪の仕業と恐れられた。

　その正体については狸《たぬき》、川獺《かわうそ》、狐《きつね》など様々な説があがっているが、河童《かっぱ》もそのひとつ。おいてけ堀の跡といわれる錦糸堀公園には、河童像が建てられている。

明かりのない蕎麦屋から誰もいない提灯まで

そのほかの本所七不思議は、以下のような内容だ。

誰もいない蕎麦《そば》屋《や》の屋台に明かりがついているが、この明かりを消した人には災いがおよぶ「明かりなし蕎麦」が存在するという。

「狸囃子《たぬきばやし》」は夜、陽気な祭囃子の音に誘われて歩いていくと、ふと気づけば野原にいたという話である。当時は、本所を少し離れると狸が出没する野原があったようである。

また、雨の中、「火の用心」と拍子木《ひょうしぎ》を叩きながら街を回っていた火の番が、自分が叩いていないのに拍子木の音を聞いたという「送り拍子木」の怪談がある。

「足洗邸《あしあらいやしき》」は、さる旗本《はたもと》の邸で夜ごと天井《てんじょう》から泥だらけの足が突き出され、「洗え」と叫ぶ奇怪な現象。これを洗わないと、足は大暴れしたと伝えられる。

「片葉《かたは》の葦《あし》」は、殺された女の怨念にまつわるものだ。駒蔵《こまぞう》というならず者が居酒屋を切り盛りするお駒《こま》という女性に懸想《けそう》したが、相手にされなかったため腹を立ててお駒を殺害。お駒の片手、片足を切り落とすと池の中へ投げ込んでしまった。それ以来、この池の葦は片葉しか生えてこないという。

「送り提灯《ぢょうちん》」は、朧月夜《おぼろづきよ》にほろ酔い気分で歩いていると前方に提灯の明かりが見える。

近づくとふっと消え、さらに前方に明かりがぽっと灯る。まるで道案内をしてくれるような不思議な現象である。

こうした七不思議が発生した土地の多くが、川や堀付近である点は見逃せない。

一説によれば、水辺が異界とつながる場所と考えられていたことに理由があるのだという。

本所も一帯が湿地帯であったがゆえに、異界との境界と考えられたのであろう。

江戸の発展に伴って市街地が拡大すると、人々は聖地である水辺を開発する必要に迫られた。聖地を侵したという後ろめたさも理由のひとつといわれている。

これらが、自然現象と融合し、七不思議を生み出したのかもしれない。

本所七不思議

おいてけ堀	本所のある掘で魚を釣って帰ろうとすると、「おいてけ〜、おいてけ〜」という声が聞こえてくる。なんとか逃げ出して魚籠《びく》を見ると、中は空っぽになっている。
片葉の葦	お駒という女性に惚れた、ならず者の駒蔵であったが、相手にされず、つけ回した挙句に斬殺してしまう。死骸は片手片足を切り落とされ、池の中へと投げ込まれ、以来その池の葦には片葉しかない。
送り拍子木	大雨の中夜回りをしていた火の番が拍子木を鳴らし「火の用心」と言おうとしたところ、鳴らしてもいないのに拍子木の音が聞こえてきた。
送り提灯	酔っぱらいが道を歩いていると、前方に灯火が見えた。だが、近くに行くとそれは消えており、さらに前方に提灯の明かりが見えた。
明かりなし蕎麦	夜、明かりの灯った蕎麦屋に行ったところ、誰もいない。主がいないからといって火を消すと、その人物は不幸になるという。
足洗邸	毎晩天井から泥だらけの大足が下りてきて、洗ってやると姿を消す。洗わないと暴れだすという。
狸囃子	夜道を歩いていると、どこからともなく陽気な囃子が聞こえてくる。これにつられて歩いていると、気づいた時には野原にいる。

大入道《おおにゅうどう》

雄大な景観をつくり上げた巨人の伝説

大入道の足跡

自然を形成しただいだらぼっち

巨人伝説は日本各地に数多く伝わっているが、関東一円から東北にかけて伝わる有名な巨人伝説に「だいだらぼっち」がある。

その原型は『常陸国《ひたちのくに》風《ふ》土《ど》記《き》』に伝わる巨人伝説にあるようだ。

巨人は丘の上に座ったまま、海岸の大ハマグリをほじくりだして食べた。その貝殻が積もって岡となり、大櫛《おおくし》の岡と名づけられたという。それが大串《おおぐし》貝塚の由来となった。

この巨人が、「だいだらぼっち」として広まった。名称の由来は諸説あるが、鉄の「たたら」に起因するのではないかともいわれている。

さらに、このだいだらぼっちは、様々な名称に転訛《てんか》しながら日本各地に伝わっていった。常陸では「だいたいぼう」、宇都宮《うつのみや》では「だいたらぼうし」、下総《しもうさ》では「だいたぼっち」、甲斐《かい》では「れいらぼっち」、越中《えっちゅう》では「だいたんぼうし」、伊賀《いが》では「だたんぼう」などで、四国、九州にまで広まったという。

そして、このだいだらぼっちが日本の山や湖の形成をしたという伝説が語り継がれた。

たとえば、巨人が土を掘った跡が琵琶湖、捨てた土が富士山になったというもの。

また、相模野《さがみの》の大沼《おおぬま》は、巨人が富士山を背負った時についた足跡であり、群馬県の赤沼《あかぬま》は、赤城山に腰掛けて踏ん張った時にできた足跡と伝えられる。

東京都世田谷区の代田橋《だいたばし》も、実は巨人が

たたら製鉄のしくみ

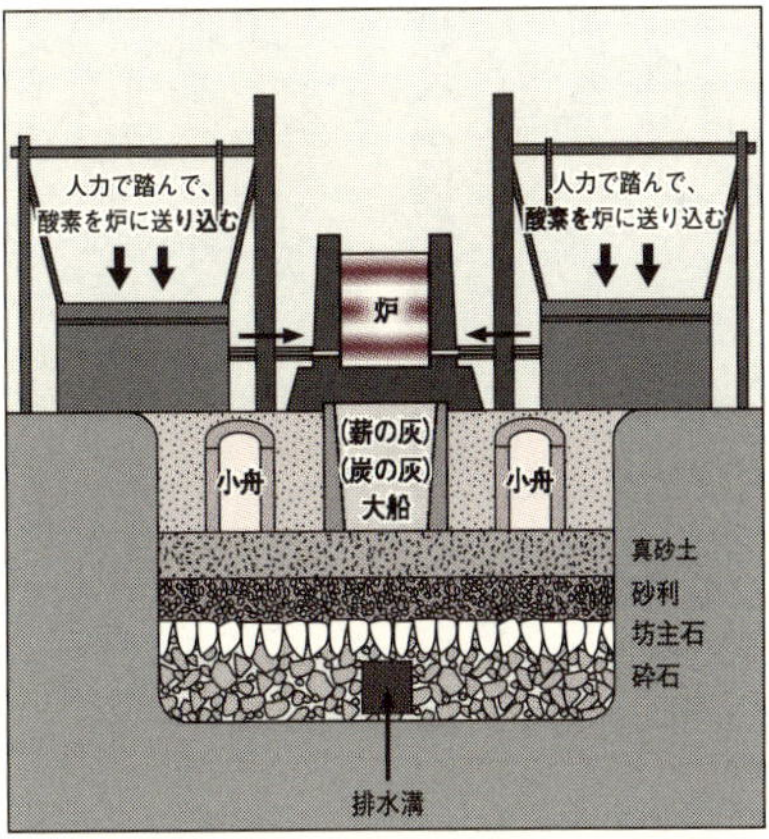

「だいだらぼっち」という呼称の由来はかつての製鉄法である「たたら製鉄」にあるといわれる。

かけたものといわれている。

『出雲国風土記《いずものくにふどき》』には、巨人と捉《とら》えられる神の伝説も存在する。八束水巨津野命《やつかみずおみづののみこと》は出雲国を眺めて、小さくつくりすぎたと嘆息。朝鮮半島や北越から土地を切りとっては出雲国に縫いつけ、出雲を形づくっていったという。

自然への畏敬が生み出した巨人伝説

巨人伝説の根幹をなしているのは、巨人が様々な自然、山や川などを造形したということである。

その根底には、古代日本人の自然に対する畏敬《いけい》の念が流れている。古代の人々は、山や川などの自然は、人知を超えた不思議な力によって形づくられたものと考えた。そのため、人力では説明できないこの造形を巨人伝説に仮託して、語り継いでいったのである。

平安時代になると、こうした巨人伝説から、大入道《おおにゅうどう》という妖怪が登場する。放逐《ほうちく》した召使いがあとをつけてくるのを牛車《ぎっしゃ》の中から発見した近江守仲兼《おうみのかみなかかね》は、牛車を飛び降りて召使いを威嚇《いかく》したところ、この召使いが大入道へと変化するのである。仲兼は頭をつかまれたが、太刀《たち》を振るって撃退したという。(『古今著聞集《ここんちょもんじゅう》』)

関東のだいだらぼっち伝説

上野
下野
群馬
新田駅
足利駅
信濃
常陸
児玉
入間
下総
狭山
乗瀦駅
武蔵
豊島駅
当麻
河曲駅
甲斐
夷参駅
相模
高麗
上総
駿河
安房
榛名山
巨人が土を掘って榛名山をつくり、掘った跡が榛名湖となった。
大串貝塚
昔、巨人が丘に腰掛けて海岸の貝を食べた。貝殻は積もり積もって「おおくじり」の岡となった。
代田橋
だいだらぼっちがかけた橋といわれる。
● だいだらぼっち伝説が残る場所

手長足長《てながあしなが》

東北や長野県には手長足長という巨人の伝説がある。

鳥海山《ちょうかいさん》に住む手長足長は兄弟で、文字通り手の長い巨人と足の長い巨人である。彼らが里に下りてきては人々を襲って喰っていたため、山の大物忌神《おおものいみのかみ》は、三本足の霊鳥を使って、手長足長が山にいる時は「無《む》耶《や》」と、村に危険が迫る時は「有耶《うや》」と鳴かせて、警告した。ある日、慈覚大師《じかくだいし》がこの地を訪れ、手長足長を封じ込めるために百日間の祈祷を行なった。その満願の日に鳥海山ごと手長足長も吹き飛んだと伝えられる。

会津《あいづ》でも夫婦の手長足長が悪さを働いていたため、旅の僧がお経を唱えてこの妖怪を壺の中に閉じ込めたといわれる。

一方、諏訪《すわ》では諏訪明神《みょうじん》の家来とされ、手長神社に祀られる。

小豆洗《あずきあら》い

真夜中の水辺に響く不気味な音の正体

真夜中に響く音は恨みを訴える

妖怪には、音を立てるだけで姿形を現わさないものもいる。夜中、川や井戸などの水辺で「しゃりしゃり」と小豆《あずき》を洗うような音を出す小豆洗《あずきあら》いという妖怪もその類である。

小豆洗いは全国に分布し、アズイ洗い、小豆とぎ、小豆さらさらなど各地で様々な名称を持つ。姿は見せずほとんどは音を立てるだけだが、その姿については子供とか小柄な老人などといわれている。

一般にその音で人を驚かすだけだが、出雲や長野では人をさらったり、川に落としたり

水辺に響く小豆洗いの音

小豆洗いに出会う！
―藤垈の滝―

甲斐百八霊場に数えられる萬亀山向昌院の東側にある、武田家の祖新羅三郎《しんらさぶろう》義光《よしみつ》の開基と伝えられる芹《せり》沢不動尊《ざわふどうそん》。その前に落ちる高さ1メートル程の滝が藤垈《ふじぬた》の滝である。水温が年間を通して12度を保つ霊水は、古くから頭痛などに効用があるとされてきた。かつてこの滝付近には小豆洗いが現われるといわれていた。
（山梨県笛吹市境川町藤垈363）

することもあるという。

　それを物語るかのように、長野の南佐久《みなみさく》郡では「小豆とぎましょか、人取ってくいましょか、ショウキショキ」と歌うという。

　江戸時代に、その存在はすでに流布《るふ》していたようだが、竹原春泉《たけはらしゅんせん》の『絵本百物語《えほんひゃくものがたり》』にはこんな話が記載されている。

　越後《えちご》国の寺の住職日顕《にっけん》は、物の数を数えることが得意で、小豆の数を一粒も間違えずに言い当てる小僧を気に入っていた。そして、いずれは跡継ぎにしようと考えていた。

　それに嫉妬《しっと》したのが、円海《えんかい》という悪僧。彼は小僧を井戸に投げて殺害してしまう。以来、小僧の霊が現われて、夕暮れ時には小豆を数え、夜になると雨戸に小豆を投げつけるようになった。その後、円海は死罪となったが、今度は井戸の中で円海と小僧が争うようになったと伝えられている。

また、東京都の檜原村《ひのはらむら》には姑《しゅうとめ》が小豆のことで嫁いびりをしたため、嫁は川に身を投げ、以来、その場所から小豆をとぐ音が聞こえるようになったという言い伝えがある。

ハレの日に用いる小豆への信仰

夜の水辺で音を立てるという性質上、その正体については狸や川獺、狢《むじな》などの動物の名前が挙げられている。柳田國男は、水辺に集まる動物が土を掻《か》く音ではないかとしており、その他、米をとぐ音とする地域もある。

動物の仕業《しわざ》かどうかは定かではないが、小豆の妖怪が登場した背景には、小豆の持つ特異性にも着目する必要があるだろう。

小豆は他の五穀《ごこく》より占いに用いられることが多く、赤飯や小豆雑煮の風習など、ハレの日に多く食されるものでもあった。

また、庚申様《こうしんさま》に小豆飯を供えると食物に不自由しないという物忌《ものい》みの言い伝えも浸透していた。こうした小豆への信仰が、小豆の妖怪を生み出す素地となっていたのであろう。

全国の小豆洗い伝説

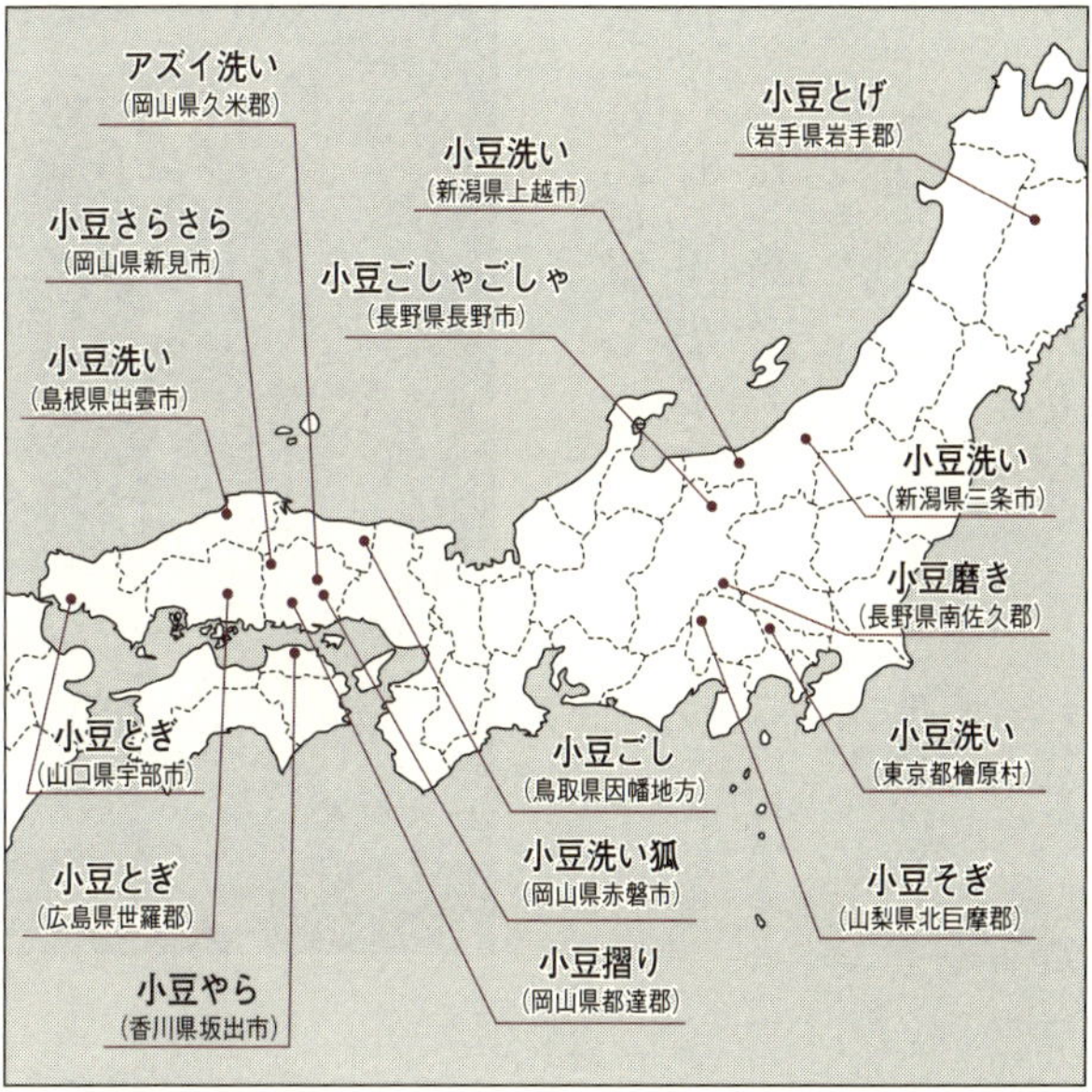
アズイ洗い
(岡山県久米郡)
小豆とげ
(岩手県岩手郡)
小豆洗い
(新潟県上越市)
小豆さらさら
(岡山県新見市)
小豆ごしゃごしゃ
(長野県長野市)
小豆洗い
(島根県出雲市)
小豆洗い
(新潟県三条市)
小豆磨き
(長野県南佐久郡)
小豆とぎ
(山口県宇部市)
小豆ごし
(鳥取県因幡地方)
小豆洗い
(東京都檜原村)
小豆洗い狐
(岡山県赤磐市)
小豆とぎ
(広島県世羅郡)
小豆そぎ
(山梨県北巨摩郡)
小豆摺り
(岡山県都達郡)
小豆やら
(香川県坂出市)

小豆婆《あずきばばあ》

小豆婆は、埼玉県や宮城県に現われたとされる妖怪である。

小豆をとぐ音を出しているから小豆洗いと同系統の妖怪だと思われるが、これらの地方では老婆の姿をとっている。

また、性質も小豆洗いとは異なって恐ろしく、子供をさらって食べてしまう妖怪ともいわれた。

そこで、埼玉県では言うことを聞かない子供には、「小豆婆にさらわれてしまうぞ」と脅し文句に使ってきたという。山梨県では、小豆そぎ婆と呼ばれ、水辺ではなく、樹木の上に住んでいる。毎夜、ザアザアという音を立てながら、木の上から「あずきおあんなすって」と下を通る人に声をかける。その時ちゅうちょしたり、うろたえたりすると大ざるですくい上げられてしまうという。

カマイタチ

縄張りを侵した者を切り裂くつむじ風の妖怪

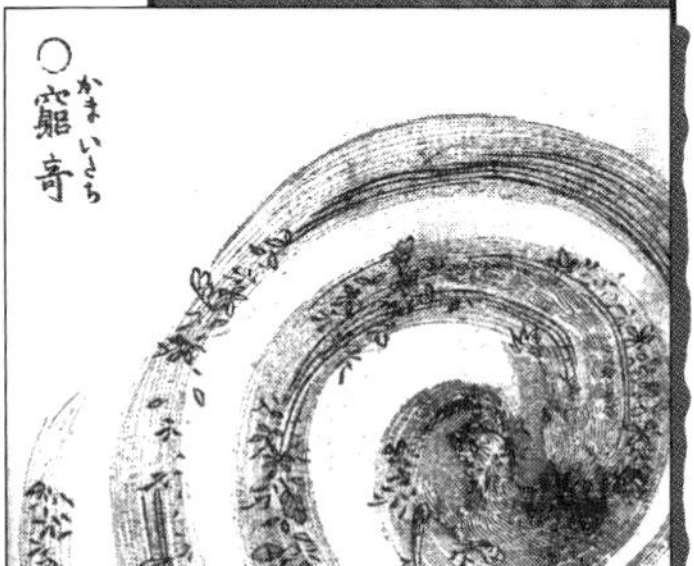

三位一体で襲うカマイタチ

三身一体の妖獣

冬の寒い日、手足などに知らないうちに裂傷ができていることがある。ところが、奇妙なことに出血も痛みもない。古来、この現象をもたらすのはカマイタチという妖怪の仕業と考えられてきた。カマイタチは旋風《せんぷう》に乗ってきて人を切ったり、血を吸ったりする妖怪である。その名の通り、鎌のような爪を持ったイタチとも伝えられ、日本各地に見られるが、とくに雪国に多い。

一般に、三匹ひと組みとなって現われる。先頭のカマイタチが目標の相手を転がし、二

江戸の髪切り

元禄の初め	夜中に往来する人が髪を切られるという事件が頻発した。
1637（寛永14）年	髪切虫という妖怪がいるという噂が立ち、女性たちがパニック状態に陥った。
1768（明和5）年	江戸の町に4、5か月の間髪切りが流行した。
1771（明和8）年	3、4か月の間、女性の髪が切られる事件が頻発し、修験者が多く捕らえられた。
1780年代	夜中に往来する人が髪を切られるという事件が頻発した。
1810（文化7）年	下谷小島氏の下女が玄関の戸を開けようとしたところ、突然髪が落ちた。

番目のカマイタチが刃物で切り裂く。そして三番目のカマイタチが薬を塗るという。

カマイタチは、山の神や天狗《てんぐ》が禁忌《きんき》を犯した者へ与える懲罰と考える人もいた。

新潟県では、黒坂《くろさか》という地で転倒すると必ずこの被害に遭うといわれたように、特定の地で襲われるという例も少なくないようだ。

江戸時代にはこの裂傷が、風による自然現象で起こると考えられていた。現代では気象学者・高橋喜彦《たかはしよしひこ》が、乾燥した肌が急な衝撃を受けて裂ける現象だと科学的に説明している。

なお、カマイタチに似た妖怪もいくつか見られる。嫉妬深い女の髪が怨念と化した「女髪カマイタチ」、魚の網や蚊帳《かや》を切り裂く「網《あみ》剪《きり》」、人間の髪を切る「髪切《かみき》り」などである。

枕返《まくらがえ》し

寝ている人間の枕を北枕にして死へと誘う

壁に浮かびあがる枕返し

金を奪われた盲人の伝説

朝、目覚めると、枕《まくら》が寝たときとは異なる方向に動いていて驚くことがある。これは枕返《まくらがえ》しという妖怪が、寝ている間に枕を動かしているのだといわれてきた。

枕返しは、時として寝ている者の枕を北枕《きたまくら》にして死へと至らしめる妖怪でもある。北の方向に枕を置く北枕は、死んだ人が寝かされるのと同じ向きであることから、病気になったり、死んだりするという迷信が囁《ささや》かれていた。「枕返し」はその迷信に基づく妖怪だ。

その正体を座敷童子《ざしきわらし》とする地方もあるが、その部屋で死んだ者の霊の化身《けしん》だともいう。

昔、ある旅館に盲人が宿泊した。盲人は宿で所持していたお金を数え始めたが、それを目にした宿の主人は、大金に目がくらみ悪心《あくしん》を起こした。そして、盲人を山道に案内し、殺して金を奪う。それ以降、その盲人の霊が「枕返し」になって部屋に住み着き、宿泊者の枕を返すようになったというものである。

枕と妖怪が結びついた背景には、古代より、枕が単に睡眠をとるための道具ではなく、魂が宿る呪具《じゅぐ》と考えられてきたことも大きい。

そのため、枕は神聖視され、またいだり、投げたりしてはいけないと戒められた。

枕は、夢と現世《うつしよ》をつなぐものとされ、夢の世界に迷い込んだまま、戻れなくなったとしたら……という恐怖から、「枕返し」が生み出されたのかもしれない。

枕にまつわる各地の迷信
石川県
帯を枕にすると病が長引く。また、酒に酔った時、箒を枕にすると酔いが覚める。
富山県
「一富士二鷹三なすび」と書いた紙を枕の下に敷いて眠るとよい夢を見る。
京都府美山町
北枕にすると、熱くなっていた頭が冷える。
愛知県尾張地方
北枕で寝ると逆に長生きをする。
和歌山県
北枕にすると頭痛が起きにくい。
大阪府
目を覚ましたい時間の数だけ枕を叩くとその時間に目が覚める。
徳島県
病気にかかった時、北枕にすると治りが早い。
北枕に関する迷信

天邪鬼《あまのじゃく》

心を読み口まね物まねをして人を惑わす小鬼

天邪鬼と同一視される幽谷響

日本神話にも登場する古の妖怪

ひとりだけ素直でなく、さからったりすると「あまのじゃく」と皮肉られることがある。これと同じ名前の「天邪鬼」という妖怪がいる。人の心中を悟り、口まね物まねをして人を惑わすという。

いわば、妖怪のトリックスターともいえる存在である。小鬼のような姿形をしているといわれ、口まねをすることから山彦《やまびこ》と同一視されることもある。

日本神話にアメノサグメ（天探女）という女神の名が見える。アメノサグメは、国譲《くにゆず》り

天邪鬼の発生

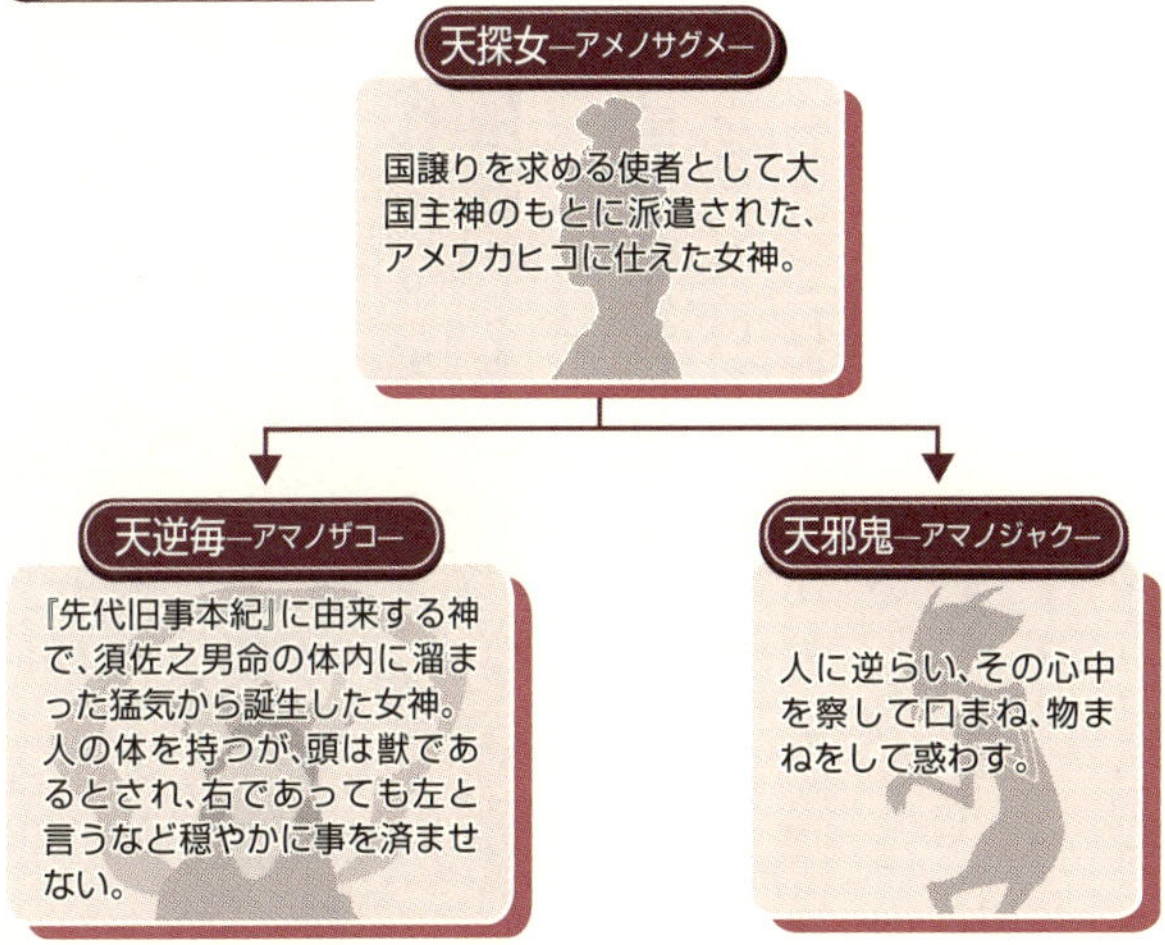
天探女—アメノサグメ—
国譲りを求める使者として大国主神のもとに派遣された、アメワカヒコに仕えた女神。
天逆毎—アマノザコ—
『先代旧事本紀』に由来する神で、須佐之男命の体内に溜まった猛気から誕生した女神。人の体を持つが、頭は獣であるとされ、右であっても左と言うなど穏やかに事を済ませない。
天邪鬼—アマノジャク—
人に逆らい、その心中を察して口まね、物まねをして惑わす。

の段で使者となったアメワカヒコに仕え、高《たか》天原《まがはら》からの使者を言葉巧みに殺害させた女神である。天邪鬼はそのアメノサグメが転訛したものともいわれる。

また、天邪鬼は、岡山で石を積み上げて天に届く山を造ろうとしていたが、寸前で天邪鬼を快く思わない天狗が山を崩した。そのため、山頂に石が散らばったという。

天邪鬼本来の性格が発揮される話には、「瓜《うり》子《こ》姫《ひめ》」の説話がある。天邪鬼が瓜から生まれた瓜子姫をだまして、木の上に縛りつけ、育ての老夫婦を欺《あざむ》いて自分が姫になりかわるという筋書きである。嫁入りの際に、姫が偽者であることが発覚し、天邪鬼は手足を三つ裂きにされるという末路をたどっている。

塗《ぬ》り壁《かべ》

道行く人の前に立ちはだかり交通を妨げる妖怪

『稲生物怪録』に現われた塗り壁のような妖怪

行く手をさえぎり足に絡みつく

夜道を歩いていると、突如目の前に巨大な壁が現われて、道を塞《ふさ》がれ、前に進むことができなくなってしまう。それが、福岡県遠賀《おんが》郡に出現したという妖怪「塗《ぬ》り壁《かべ》」である。その体は分厚く、押しても引いてもびくともしないが、棒で下の方を叩くと消え去るという。

このように、行く手をさえぎったり、足に絡みついたりする妖怪は全国に存在する。

青森九戸《くのへ》地方の「アグドネブリ」は、後ろからついてきて踵（アグド）を営《な》める妖怪である。岩手の「アグドポッポリ」も同様に、踵をかじるというが、こちらは通行人の前方や後方の土を盛り上げたりもする。

香川県では、足に綿のようなものが絡みつき、通行の邪魔をする「足まがり」がいる。

また、愛媛県の宇和島《うわじま》では、夜道で突然足がもつれて歩けなくなることを「ノツゴに憑《つ》かれた」という。このノツゴは、南宇和の内海村《うちうみ》（愛南町《あいなん》）油袋《ゆたい》では、「草履《ぞうり》をくれ」と言いながら追いかけてくるが、それと遭遇した場合は、草鞋《わらじ》のチ（紐《ひも》を通す輪の部分）や

四国に伝わるノツゴの伝説

隠れんぼをしている子供をほんとうに隠してしまう。
「草履をくれ」と言って追いかけてくる。
夜の山道で声を上げる。

伝説を生んだ葬送儀礼

幼児の葬送の際、履いていた草鞋のチや草鞋の鼻緒をちぎって墓穴の中に放り投げるという。こうした葬送儀礼から、供養を欲するために草鞋を求めるという妖怪の行動が考え出された。


草履の鼻緒《はなお》を投げてやると足が軽くなるといわれる。

ノツゴというのは赤子《あかご》とも関係が深い妖怪のようだ。

広見町《ひろみ》（鬼北町《きほく》）では、母親の母乳の出が悪くて栄養失調で死んだ子供がノツゴに化身するという言い伝えがあり、高知の宿毛《すくも》地方には夜の山道で赤子の泣き声を上げるノツゴがいたようだ。

油赤子《あぶらあかご》

貴重な行灯の油を嘗めとる妖児たち

油にまつわる妖怪たち

油は中世以降、日本人の生活に欠かせない存在となった商品である。そのためか、油にまつわる妖怪譚も各地に多く伝わっている。

昔、近江《おうみ》国の大津濱八町《おおつはまはっちょう》に、「油坊《あぶらぼう》」という怪火《かいか》が飛来するという噂が立った。

その正体は、夜ごと大津辻《つじ》の地蔵《じぞう》の元から油を盗んでいた油売りがその死後、仏罰のためか成仏《じょうぶつ》できず、火の玉となって彷徨《さまよ》っているものという。または、この油売りの生まれ変わりとして、行灯《あんどん》の油を嘗《な》める幼児が現われたとの言い伝えもある。

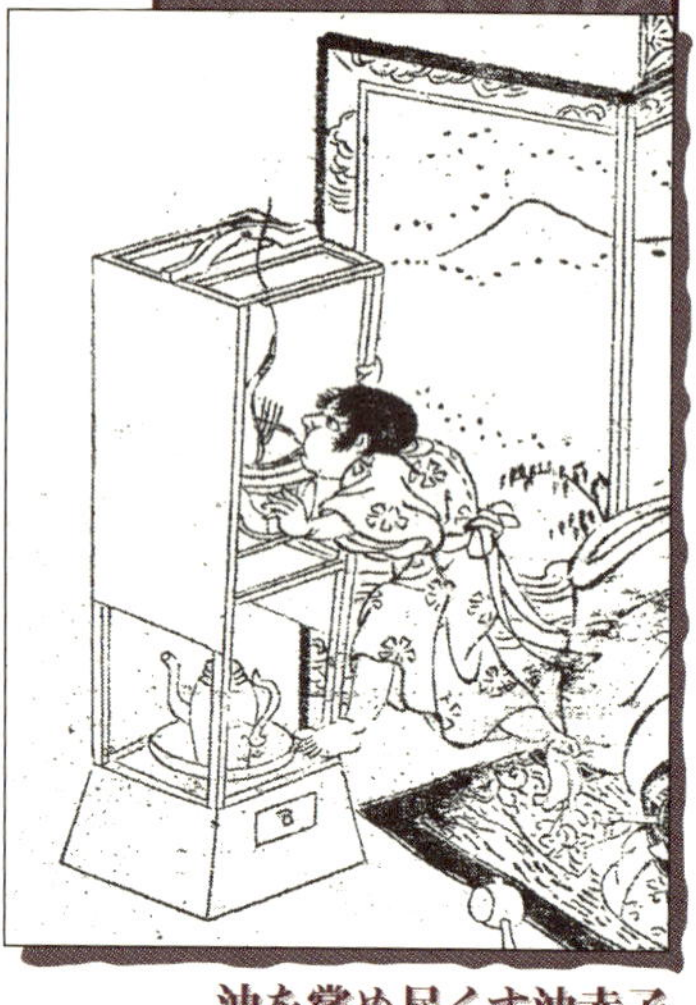

油を嘗め尽くす油赤子

油を嘗める妖怪が幼児であるというパターンは多く、東北には、赤子を抱いた母に宿を貸したところ、夜半、この赤子が行灯の油をペロペロと全部嘗めてしまった話がある。また、当初は火の玉として家に入り込み、赤子の姿と化して油を嘗めた油赤子《あぶらあかご》もいたそうだ。熊本の天草《あまくさ》諸島には油瓶《あぶらびん》を持った「油ずまし」が現われた。「昔このあたりに油ずましがいたらしい」と噂話をしていると「今もいるぞ」と突然姿を見せる。

　油を嘗めるだけでなく、東北では子供をさらってはその油を搾《しぼ》り取る「油取り」が人々を震え上がらせた。そのため、子供には陽が暮れる前に早く帰るよう言い聞かせていたという。

　油にまつわる怪奇談が多いのは、食用や照明用として重宝されてきた大切な油を粗末に扱うことへの戒めとして、油の妖怪が誕生したのだろう。

江戸時代のある一般家庭の年間収支

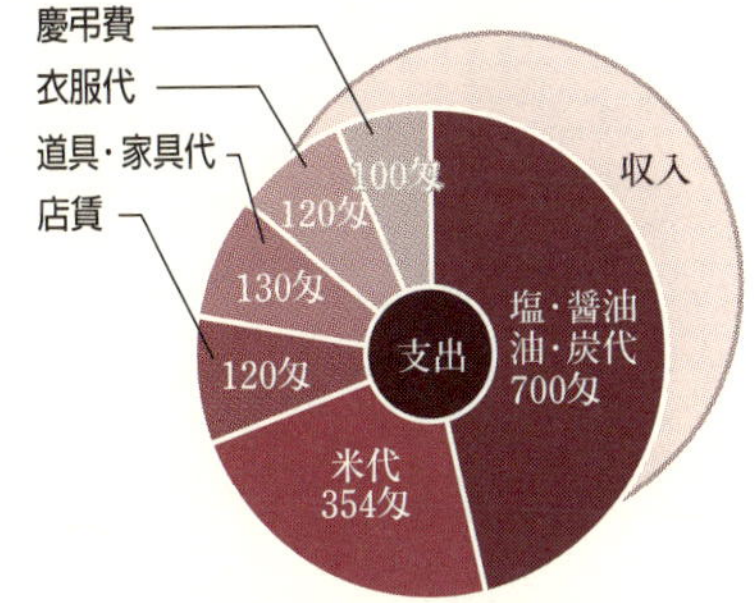
慶弔費
衣服代
道具・家具代
店賃
100匁
120匁
130匁
120匁
米代
354匁
塩・醤油
油・炭代
700匁
支出
収入

家族構成 ―― 夫婦と子供１人
住まい ―― 借家
一年間に働いた日数 ―― 294日
（正月、節句、悪天候の日は休み）
実収入 ―― 銀1貫587匁6分
実支出 ―― 銀1貫514匁
支出の収入に占める割合 ―― 95%

出典：『図表で見る江戸・東京の世界』
江戸東京博物館（東京都歴史文化財団）

こらむ 様々な工夫で妖怪を実在させた芝居小屋——妖怪演劇

能から始まった妖怪演劇の歴史

怪談話や妖怪画とともに、妖怪を身近にしたのが妖怪演劇である。

妖怪演劇は室町時代、能《のう》の題材に登場した。能楽師《のうがくし》たちが作った脚本は三五〇種伝えられているが、その大半は怪談である。

とくに室町中期の能の作者、観世信光《かんぜのぶみつ》が、視覚に訴えた怪談を作り上げたことで分かりやすいものになった。そこから能のみならず絵画などを含めた怪談娯楽が飛躍的に発展を遂げた。

さらに、江戸時代の元禄期には、歌舞伎で幽霊譚が盛んに演じられるようになる。型にはまった能から自由な歌舞伎へと舞台を移すことで、心理的描写を丁寧に演じることができ、内容に厚みが増した。その結果、妖怪たちもより凄みをきかせ、人気を博すことになった。

やがて役者たちも様々な工夫を凝らし始める。たとえば、初代尾《お》上松緑《えしょうろく》は、歩き方を工夫して足のない幽霊を演じている。

妖怪を実在させた鶴屋南北の舞台

さらに、妖怪演劇を劇的に変貌させたのは、歌舞伎脚本作者として名高い四世鶴屋南北《つるやなんぼく》である。

『四谷怪談《よつやかいだん》』は、背筋も凍るような内容とともに、斬新な舞台装置を駆使した演出で、演劇の革命児ともいうべき存在となった。

民谷伊右衛門《たみやいえもん》は、自分の私利私欲のために妻のお岩を姦計《かんけい》にかけて死に至らしめる。

毒を飲まされて醜い顔となったお岩の顔は観客に衝撃を与えた。それからお岩が幽霊となって数々の復讐を果たす。このお岩の幽霊の登場シーンには、奇抜な仕掛けが凝らされていた。

有名な戸《と》板返《いたがえ》しは、伊右衛門がお岩の遺体をくくりつけた戸板と遭遇し、驚いてひっくり返す。すると、やはり殺した小仏小平の遺体があり、「薬をくだせえ」と手を差し出す。

息もつかせぬ展開に観客は驚きの声を上げるが、これは戸板に作り物のお岩と小平の体をあらかじめくくりつけておくのだ。板を返すと同時に、役者は素早く顔の部分のみの早変わりを演じるというものだ。

また、燃え盛る火のついた提灯《ちょうちん》からお岩が出てくる「提灯抜け」も幽霊の生々しさを演出するのに一役買った。これは提灯の作り物をすり抜けて、火の中を通り抜けたように錯覚させたものだ。

こうした数々の工夫が、舞台上での異形の者たちを結合した世界を作り上げた。それは幽霊、妖怪というものの恐怖を人々の心に強く印象づけることになったのである。

第五章

助ける！

―人々と深く交わり恩恵をもたらす妖怪たち―

第五章 助ける！

座敷童子《ざしきわらし》

住み着く家に富と名声をもたらす幼子

住む家に幸福をもたらす座敷童子

盛運をもたらす座敷童子

岩手県を中心とした東北地方一帯に伝わる座敷童子《ざしきわらし》は、オカッパ頭に赤ら顔をした、五、六歳ぐらいの子供の妖怪である。旧家に住み着き、時折その存在を示そうとするかのように音を立てたりして人を驚かせることが多いが、時には人前に姿を見せる場合もある。

深夜、見知らぬ子供の姿を見かけたり、子供の人数を数えるとどうしてもひとりだけ多かったり、または、階段を駆け巡る音や土蔵《どぞう》の中で糸車《いとぐるま》がカラカラ鳴ったり、臼《うす》で米をつく音だけが聞こえたりする。このように、奇妙な現象や、物音がする家には座敷童子が

岩手県の座敷童子分布図

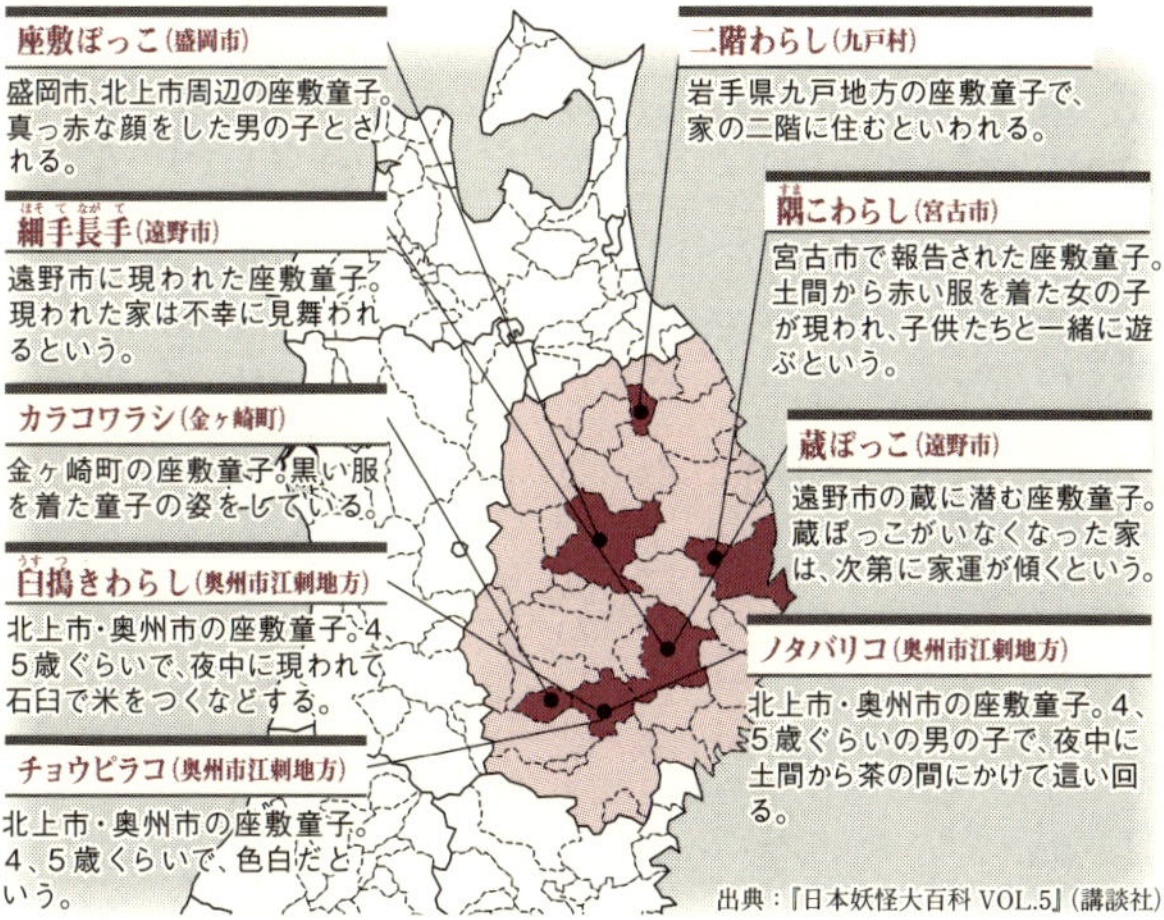
座敷ぼっこ（盛岡市）
盛岡市、北上市周辺の座敷童子。真っ赤な顔をした男の子とされる。
細手長手《ほそてながて》（遠野市）
遠野市に現われた座敷童子。現われた家は不幸に見舞われるという。
カラコワラシ（金ヶ崎町）
金ヶ崎町の座敷童子。黒い服を着た童子の姿をしている。
臼搗《うすつ》きわらし（奥州市江刺地方）
北上市・奥州市の座敷童子。4、5歳ぐらいで、夜中に現われて石臼で米をつくなどする。
チョウピラコ（奥州市江刺地方）
北上市・奥州市の座敷童子。4、5歳くらいで、色白だという。
二階わらし（九戸村）
岩手県九戸地方の座敷童子で、家の二階に住むといわれる。
隅《すま》こわらし（宮古市）
宮古市で報告された座敷童子。土間から赤い服を着た女の子が現われ、子供たちと一緒に遊ぶという。
蔵ぼっこ（遠野市）
遠野市の蔵に潜む座敷童子。蔵ぼっこがいなくなった家は、次第に家運が傾くという。
ノタバリコ（奥州市江刺地方）
北上市・奥州市の座敷童子。4、5歳ぐらいの男の子で、夜中に土間から茶の間にかけて這い回る。
出典：『日本妖怪大百科 VOL.5』（講談社）

住み着いていると噂された。

とはいえ、座敷童子が住み着いたからといって怖がる必要はない。

座敷童子の住み着いた家は富と名声を手に入れて盛運となるからだ。だが去られた家は途端に没落するという。いわば、座敷童子は富貴《ふうき》を呼ぶ妖怪なのである。

岩手県遠野《とおの》市にはこんな話が伝わっている。

ある旧家には、昔からふたりの童女の座敷童子が住み着いていると噂されていた。ところが近所の人が、この童女たちが出て行く姿を目撃してすぐ、一家主従二〇人がひとりを残して、きのこの毒にあたって亡くなったという。

この凶変が起こる前には、家の主が庭に出た大きな蛇を殺していた。その蛇がじつは先《せん》祖神《ぞがみ》であったようだ。先祖神に見放され、座敷童子も家を出て行ったのだろう。その童女たちが向かった先の家は、その後、富に恵まれたと伝えられる。

このように、座敷童子は家の守り神的存在であった。そのため、座敷童子が住むといわれる家では、彼らが好む食物を毎日供えるなど、厚遇したのである。

二戸《にのへ》市の旅館「緑風荘《りょくふうそう》」では、現代でも座敷童子の目撃情報が絶えず、遭遇した者に幸福が訪れるといわれてきた。緑風荘は二〇〇九年に座敷童子を祀った祠《ほこら》を残して全焼してしまったものの、現代の座敷童子は見た者を幸福にしてくれる存在となったようだ。

座敷童子と同じような子供の妖怪は、日本各地に分布している。

北海道のアイヌカイセイは空き家に現われる。東海には座敷坊主、四国には赤シャグマや小坊主などという名称の妖怪が伝わっている。

沖縄のアカガンターは赤い髪の毛をした赤ん坊で、枕返しなどのいたずらをするという。

幼子の悲哀が生んだ子供の妖怪

座敷童子の正体についても、様々な説が伝わっている。

いたずら好きの河童《かっぱ》が陸に上がって住みついたものという説がある。また、大工《だいく》が家の工事の際に気持ちよく仕事ができなかったことに対してかけた呪いだという説もある。

ただし、座敷童子の姿から、子供の霊という説も無視できないだろう。

座敷童子は奥座敷にひっそりと隠されていたはばかりっ子の象徴であるとも、飢え死にした子供たちの亡霊であるともいわれる。

座敷童子の正体

幼くして亡くなった子の霊

『遠野物語』を語った遠野の民俗学者・佐々木喜善は、圧殺され、家の中に埋葬された子供の霊魂ではないかという。

河童

音を立てるだけの座敷童子は、河童が勝手に上がり込んでいたずらをしているものという説がある。

大工の呪い

家の建築に携わった大工や畳職人がなんらかの理由で気分よく仕事が出来なかったので、呪いをかけたとする説がある。


昔は、幼児の死亡率が高かったが、同時に、口減らしのために間引きが行なわれていた現実もある。

その際、「七歳までは神のうち」という信仰から、死体を外に出さず、家の中やその周りに埋める風習があった。非業《ひごう》の死を遂げた幼子たちの霊魂は家の内にとどまり続けたのである。

こうした風習と命を落とした幼子への哀れみが、座敷童子という妖怪を形象化していったのかもしれない。

第五章　助ける！

橋《はし》姫《ひめ》

異界との境界に祀られる嫉妬深き鬼姫

貴船神社で祈り、鬼女と化した橋姫

嫉妬深い女性へと変貌した「橋姫」

京都と奈良を結ぶ要衝《ようしょう》の地、宇治川《うじがわ》にかかる宇治橋のたもとに橋姫《はしひめ》神社があり、橋の守護神として敵の侵入を防ぐ役割を果たしている。神社に祀られる橋姫は嫉妬深い女神として知られているが、その由来にこんな伝説がある。

平安時代、とても嫉妬深い姫君が、貴船《きぶね》神社に参詣して、生きながら鬼となるよう願い、七日間籠《こも》った。貴船大明神《だいみょうじん》のお告げにより、自らを鬼の顔につくり変えた姫は、宇治川に二一日間浸《つ》かり、ついに鬼女に変身した。

橋姫に出会う！
ー橋姫神社ー

宇治橋西詰の鳥居をくぐり、少し進んだところにある小さな社で、宇治橋が架けられた時、川の女神として祀られたのが起源といわれる。地元の伝説では縁切りの神様とされているが、境内には同じ水の神である住吉《すみよし》神社が祀られ、『奥義抄』にも住吉の神との結婚を思わせる記事がある。
（京都府宇治市宇治蓮華46）

鬼となった姫は、妬《ねた》ましいと思う女や自分を見下した人々を、男女の区別なくとり殺していった。これが宇治の橋姫と呼ばれる妖怪である。以降、宇治橋の上でほかの橋を褒《ほ》めたり、女の嫉妬に関することを口にすると恐ろしい目に遭うといわれるようになった。

もともとこの橋姫は川にあって、人々の罪を海まで運んだという女神、瀬織津比売《せおりつひめ》であった。宇治橋の架橋《かきょう》の際に橋の守り神として祀られた女神だが、往来の要所である橋という条件から、道祖神《どうそじん》の性格を帯びていった。

これに加え、女神であるという点から、中世以降、嫉妬深い面が強調されていき、鬼女となったようだ。

橋姫の伝説も、当初はまったく違っていた。また、『奥義抄《おうぎしょう》』にも優しい女性として描かれている。

橋姫は行方《ゆくえ》知れずとなっていた夫を探し当てて再会するが、夫は竜王《りゅうおう》の婿《むこ》となっていた。橋姫はこのことをもうひとりの妻に伝えた。この妻も夫と再会するが、夫が橋姫を思っていることに嫉妬したため、ふたりの妻は夫と二度と会うことができなくなったという。

『山城国風土記《やましろのくに》』逸文《いつぶん》にも似た話があり、こちらは最後に橋姫が夫と結ばれている。

人と妖怪との境界としての橋

橋姫の舞台となった「橋」の観念の根底にあるのは境界である。

日本の川は急流が多く、橋をかける作業は困難が伴った。そのため、水神などを祀ったが、一方で道と道をつなぐ橋は、この世とあの世という異なる世界をつなぐ空間、境界として認識されていた。そのため、お七夜《しちや》に橋参りをする風習が残る地方もあるという。

こうした境界的なイメージから、橋は妖怪や怨霊《おんりょう》が現われる魔の空間としての性格も帯びるようになる。

京都の一条戻橋《いちじょうもどりばし》に伝わる渡辺綱《わたなべのつな》に腕を斬られた鬼の伝説のように、橋を巡る様々な怪異譚や伝説が語り継がれたのである。

安義の橋と近江国府

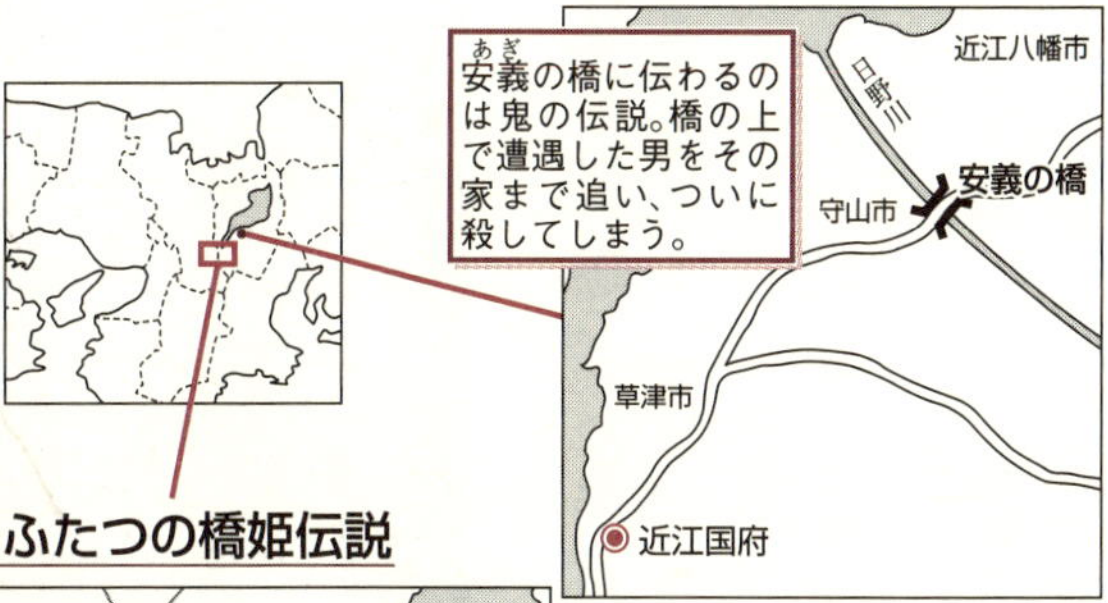
安義《あぎ》の橋に伝わるのは鬼の伝説。橋の上で遭遇した男をその家まで追い、ついに殺してしまう。
近江八幡市
日野川
安義の橋
守山市
草津市
近江国府

ふたつの橋姫伝説

琵琶湖
六条殿
粟田口
大津
打出の浜
粟津
瀬田
賀茂川
桂川
鳥羽離宮
巨椋池
宇治
平等院 卍
宇治川
木津川
貴船神社に祈り、生ける鬼となった宇治の橋姫を祀る。
美濃へと帰る途中の侍の前に現われ、箱を託す。侍の妻がこの箱を開けてしまったところ、侍は気分が悪くなり死んでしまった。

橋姫の伝説は宇治と瀬田の二箇所に伝わっている。宇治および瀬田は壬申の乱や源平合戦においても京を巡る重要な戦場となった場所であると同時に、京都への主要な入口にあたり、異界との境界をなす場所であった。

瀬田《せた》の橋姫《はしひめ》

琵琶湖南にかかる瀬田橋《せたばし》にも橋姫が祀られている。瀬田橋については『今昔物語集』の紀遠助《きのとおすけ》の段にこんな話がある。

遠助が、瀬田橋の上で、ひとりの女から中を見ることなく、美濃の収《おさめ》の橋の女に小箱を渡してほしいと頼まれた。

だが、遠助が届けないでいるうちに妻がその中身を見てしまう。中には眼球や男性の性器が入っていた。遠助は慌てて箱を女のもとへ届けたが、時すでに遅し、間もなく死んでしまった。

小箱の中に入っていたのは凄まじいまでの女の嫉妬である。ほかの女を見た目、ほかの女に触れた男根であった。それを見られることは女にとって最大の羞恥でもあった。その禁忌を守れなかった遠助は、命を落とす羽目になったのである。

第五章　助ける！

長壁姫《おさかべひめ》

姫路城の天守閣に住み城を守る貴姫の妖怪

城主の前に現われた姫の怪奇譚

兵庫県姫路《ひめじ》市の姫山《ひめやま》にそびえる白亜《はくあ》の城、姫路城。その美しさから別名白鷺城《しらさぎじょう》とも呼ばれるこの城は、一四世紀、室町時代に築城されたのが始まりである。その後、何人もの城主を経て、関ヶ原の合戦ののち、池田輝政《いけだてるまさ》が姫路城主に封ぜられ、現在の五層六階の大《だい》天守《てんしゅ》が築かれた。

この天守閣には、長壁姫《おさかべひめ》という妖怪が住んでいたという。

池田氏から時代が下り、新城主となった松平明矩《まつだいらあきなり》が天守に登った時のことである。四

姫路城の天守閣に住まう長壁姫

姫路城の見取り図

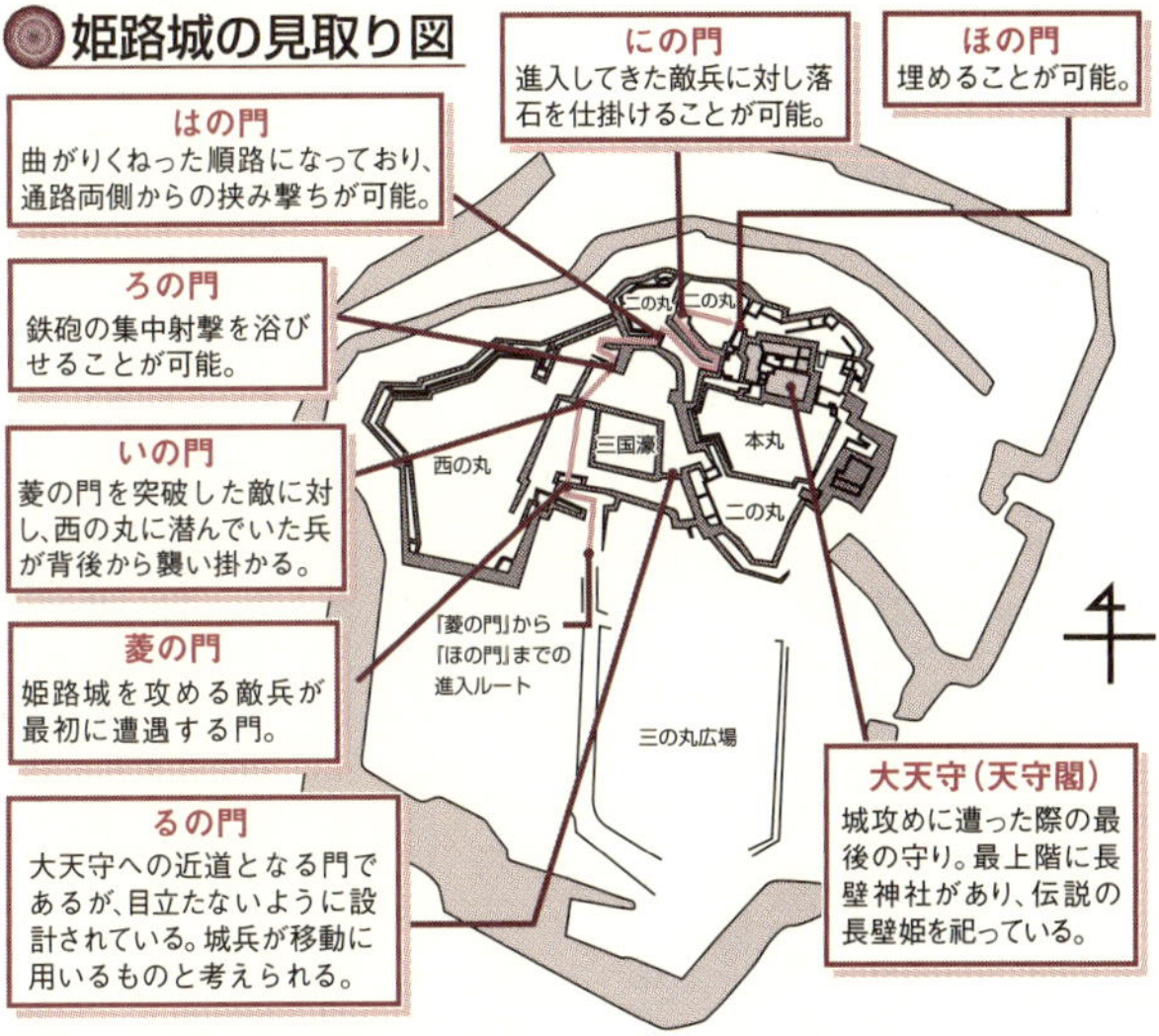
にの門
進入してきた敵兵に対し落石を仕掛けることが可能。
ほの門
埋めることが可能。
はの門
曲がりくねった順路になっており、通路両側からの挟み撃ちが可能。
ろの門
鉄砲の集中射撃を浴びせることが可能。
いの門
菱の門を突破した敵に対し、西の丸に潜んでいた兵が背後から襲い掛かる。
菱の門
姫路城を攻める敵兵が最初に遭遇する門。
るの門
大天守への近道となる門であるが、目立たないように設計されている。城兵が移動に用いるものと考えられる。
大天守（天守閣）
城攻めに遭った際の最後の守り。最上階に長壁神社があり、伝説の長壁姫を祀っている。
二の丸
二の丸
三国濠
本丸
西の丸
二の丸
「菱の門」から
「ほの門」までの
進入ルート
三の丸広場

層目までのぼっていくと、美女が現われ、この城の主だという。

　そして「お前は城主としてきたのか、城預かりとしてきたのか」とたずねたので、彼は「城主としてきた」と答えた。すると美女は鬼女に姿を変えるや、どこへともなく消えてしまった。

　それ以来、大木が倒れるなど、不思議なことが立て続けに起こったという。

　また、ある夜、一四歳の森田図書《もりたずしょ》が肝試《きもだめ》しのために天守閣に登った。天守閣には青白い顔で十二単《じゅうにひとえ》、緋《ひ》の袴《はかま》姿の三〇歳くらいの女性が端座していた。

　少年が非礼《ひれい》を詫びると、肝試しの証《あかし》として、首筋を覆う兜《かぶと》のしころを手渡した。

翌日、歴代の城主の兜を調べてみると、確かにしころがひきちぎられていたという。

時を経て、姫路城は世界遺産に指定され、観光客の絶えない城となったが、この天守閣の最上階には小さな祠があり、「刑部大明神《おさかべだいみょうじん》」として祀られている。

この刑部大明神こそ、天守を訪れる者の前に現われた長壁姫であり、姫は妖怪として恐れられる一方、城の守護神として天守閣に祀られてきたのである。

この妖怪の由来は、もともと姫山に鎮座していた土地神だったようだ。安土桃山時代に一時、豊臣秀吉《とよとみひでよし》が城外へ移したところ、城内に怪異が相次いだため、のちに池田輝政が城内へ戻したといういきさつがある。

城主が変わり、城が新しくなろうと、長壁姫は守護神としてこの城を守り続けた。

長壁姫は、たいてい十二単に緋の袴姿という貴人の姿で現われるが、それもそのはず、その正体は光仁《こうにん》天皇の皇后井上内親王《いのえないしんのう》と、その皇子他部親王《おさべしんのう》との間に生まれた不義の子・刑部姫であったと伝えられる。井上内親王は大逆の罪で廃后《はいごう》となり、他部親王とともに暗殺されたらしいが、姫は播磨《はりま》に流れ、姫山に住み着いたのだという。

または、鎌倉時代に伏見《ふしみ》天皇の寵愛《ちょうあい》深かった小刑部《おさかべ》の局《つぼね》という説もある。局はある咎《とが》めを受けてこの地に流された。その霊を祀ったものともいわれる。

長壁姫に出会う！
―姫路城・長壁神社―

姫路城天守閣の最上階に祀られた長壁姫の社。光仁《こうにん》天皇の皇子・他部親王とその皇女・冨姫の二柱が祀られており、豊臣秀吉の時代、姫路城築城の際一旦城外へ移築したところ、祟りがあったので再び城内に戻された。現在は火災・災厄除けの守護神として人々に篤く信仰されている。
（兵庫県姫路市本町68）

美しい白亜の城には、美しい姫君の悲しみが潜んでいるのかもしれない。

刑部姫の妹とされる会津の亀姫

刑部姫には妹がいたといわれており、それが会津に出現した亀姫《かめひめ》である。

江戸時代、猪苗代《いなわしろ》城代・堀部《ほりべ》主膳《しゅぜん》の前に見知らぬ子供が現われ、城の主に挨拶をしていないとなじった。

城代は、主は藩主だと答えるが、子供は「城の主は亀姫様だ。姫路の刑部姫と亀姫を知らぬのか。お前の天運は尽きた」と言って姿を消した。しばらくして、城代は死んだという。

明治時代の作家・泉鏡花《いずみきょうか》は、この姉妹の伝説をヒントに、戯曲『天守物語』を著している。

アマビコ

自分の絵を持たせて除難を予言する「天響」

豊作と疫病を予言したアマビコ

近代になっても信じられた予言の妖怪

将来の吉凶を予言し、厄除《やくよ》け方法を授けたといわれる妖怪が「アマビコ」である。

一八四六（弘化《こうか》三）年、熊本の海中に毎夜光るものが出現した。役人が出向くと、人魚のような妖怪アマビエ（アマビコの誤まりとも）が姿を見せ、六年間の豊作と疫病の流行を予言。そして、自分の絵を持っていれば難を逃れられると言い残して海に戻っていった。

さらに、一八八二（明治一五）年の熊本にもアマビコなる怪物が現われ、同じような予言と厄除けを言い残した。こちらは三本の足を持つ妖怪と報告されている。

全国で予言を行なった妖怪

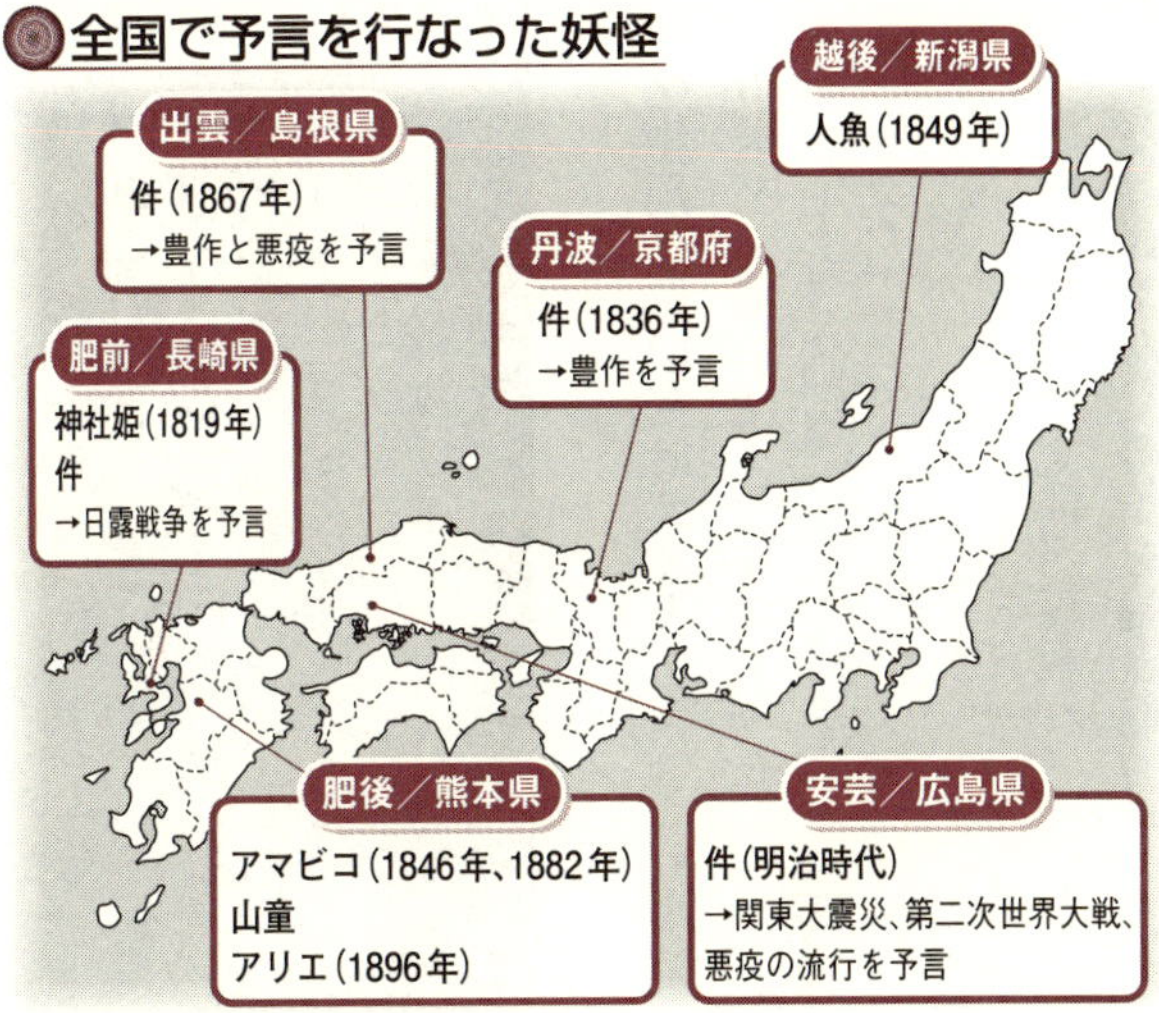
越後／新潟県
人魚(1849年)
出雲／島根県
件(1867年)
→豊作と悪疫を予言
丹波／京都府
件(1836年)
→豊作を予言
肥前／長崎県
神社姫(1819年)
件
→日露戦争を予言
肥後／熊本県
アマビコ(1846年、1882年)
山童
アリエ(1896年)
安芸／広島県
件(明治時代)
→関東大震災、第二次世界大戦、
悪疫の流行を予言

湯本豪一《ゆもとごういち》は、アマビコを神の遣《つか》いとする説を唱えている。

天の声を人間に伝える使者の「天響」であり、神と人とをつなぐ役目を果たした存在だったのである。アマビコのように、予言を下す妖怪はいくつか存在する。

まず、人の顔と、牛の体を持つ「件《くだん》」という妖怪がいる。

一八三六（天保《てんぽう》七）年以降、中国、四国、九州に現われ、第二次世界大戦時には盛んに出没したようだ。戦時下の件は、小豆飯《あずきめし》を食えば空襲を免れると告げた。

また、肥前《ひぜん》国（長崎県）に現われた鬼のような顔の人魚・神社姫は豊作を予言し、自分の絵姿で除難できると言い残した。

姑獲鳥《うぶめ》

出産で命を落とした無念が妄執となった妊婦の霊

姑獲鳥の願いを叶えると……

出産で命を落とし、子を育てることがかなわなかった母の無念は妄執《もうしゅう》となり、幽霊となる。「子育て幽霊」や「夜泣き石」などの伝承は有名だが、同様に姑獲鳥《うぶめ》も知られた妖怪である。

羽前《うぜん》国（山形県）——。ひとりの武士が夜道を歩いていると、その前に赤子を抱いて下半身を血で染めた女性が現われ、念仏を百回唱えている間、子供を抱いていてほしいと依頼する。武士がその子を抱き取ったところ、赤子は次第に重さを増していく。それでも守

成仏を願う妊婦の霊・姑獲鳥

全国の主な姑獲鳥伝説

山形県	夜間、四辻に現われ、通る人に赤子を預ける。産女が念仏を唱え続けている間、次第に重くなる赤子を抱き続けると、怪力など、なんらかの恩恵を与えてくれる。
茨城県	「姑獲鳥」または「ウバメトリ」と呼ばれ、子をさらっては育てるという。
長野県	北安曇郡に伝わり、「ヤゴメドリ」と呼ばれる。夜干しにされた衣服にとまるといわれ、その服を着ると、夫に先立たれるという。
長崎県	「ウグメ」と呼ばれ、若くして死んだ者が青い火の玉となって漂う現象とされる。

ろうと抱き続ける武士。もう限界というとき女は念仏を唱え終え、赤子を受け取り、やっと成仏《じょうぶつ》できると礼を言い姿を消した。この日以来、武士には怪力が備わったという。

　このように姑獲鳥の願いをかなえると、宝物や力を授かるという話が日本各地にある。

　なかには名前の通り、鳥の姿をした姑獲鳥伝承もある。九州の姑獲鳥は、鴎《かもめ》に似た鳥の姿をしており、地上に降りる際に女性に化け、やはり子供を負ってくれと頼む。断ると、その人は高熱が出て死に至るといわれた。

　その原型は、中国にある。中国の姑獲鳥《こかくちょう》は半人半鳥の姿で、子をさらって養子にする妖怪だ。産女《うぶめ》の幽霊伝説は、当時のお産が命がけであったことが背景にあると考えられる。

赤舌《あかした》

村々の水争いを解決した赤い舌を持つ巨大な水神

争いの元を断った赤舌

妖怪の大岡裁き

川に棲《す》むといわれる赤舌《あかした》は、獅子鼻《ししばな》をしており、三本のかぎつめと、四本の足を持ち、いつも赤い舌を出している妖怪である。その恐ろしげな姿とは裏腹に、弱者の味方をする水の神のような存在だったという。

かつて農村部では水田で利用する川の水をめぐって、村々の争いが絶えなかった。津軽《つがる》地方で旱魃《かんばつ》が起こった際、上流の村が水を独占しようと水門を閉めてしまうということがあった。そのため下流の村々は反発し、争いとなった。そして、こっそり水門を開

水争いの類型

農業を主体としていた近代以前の村々では、水をめぐって村々の争いが絶えなかった。水争いの類型は以下の３つに大きくわけられるという。

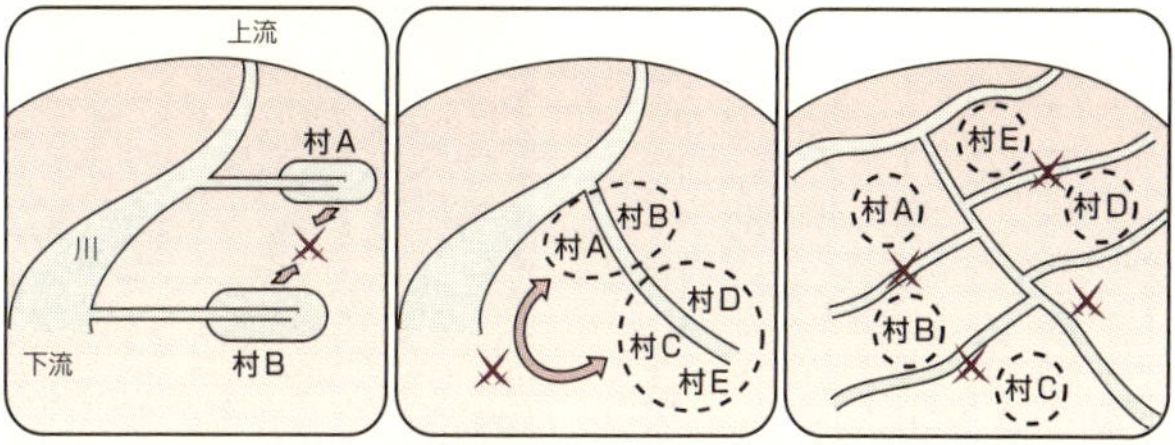

① 上・下流もしくは、両岸に相対しているＡ用水の村対Ｂ用水の村の対立関係の結果。

② 最上流に位置して取入口を持ち、下流の村々に対して圧倒的支配力を持つ村と、下流の村々が対立した場合。

③ ひとつの組合を構成し同一水源で潤いながらも、村々の分水規定の間に開きがあったり、分水規定中の理解について両者間の見解の一致の見られなかった場合。

けようとした下流の若者が、上流の村人に発見されて殺害されてしまう。

さらなる流血は避けられないと思われたが、それ以来、何度水門を閉めても、夜の間に水門が開いてしまうという怪事が起こった。これは、村同士の争いを見かねた赤舌が、ひそかに水門を開けていたからだという。いつしか上流の村人も水門を閉めることをあきらめ、村同士のいさかいもおさまった。

稲作社会では、灌漑《かんがい》用水の確保は死活問題である。ひとつの川沿いに存在する各村々にとって、用水は互いに譲れないものであったから、水争いが頻繁に起こった。水争いを戒める妖怪の存在を語り継いだのも、水を公平に分配する知恵であったのだろう。

第五章　助ける！

山童《やまわら》

食べ物と引き換えに仕事を手伝うひとつ目の山人

山林の仕事を手伝う山童

姿は不気味だが役に立つ山の住人

山童《やまわら》は山中にあって人語を話す妖怪である。その姿形はひとつ目の半人半獣で、人間のように二本足で歩くという。性質はいたって穏やかで、寺などに忍び込んで食物を盗むこともあるが、人間の山仕事を手伝ってくれることもある。どんな大木でも簡単に運ぶ怪力の持ち主だった。ただし、約束通りの食物を与えないと怒り、仕事の前に報酬《ほうしゅう》を与えると、さっさと逃げてしまう場合もあるという。

そのように人と親しむ一面を見せる一方で、人が山童に害意を持つと、その人に大病や

林業の作業工程

山童が暮らす山中で、人々は林業を営んできた。

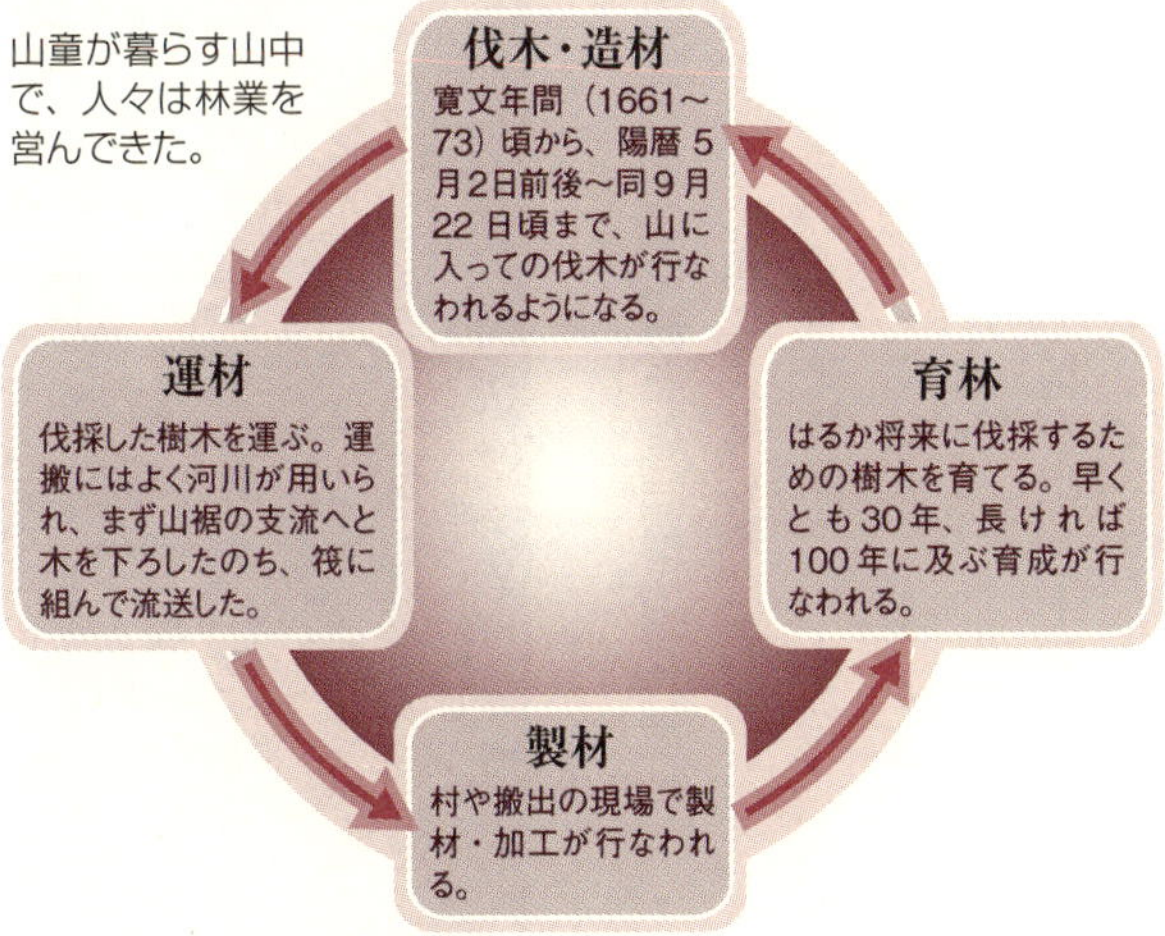
伐木・造材
寛文年間（1661～73）頃から、陽暦5月2日前後～同9月22日頃まで、山に入っての伐木が行なわれるようになる。
育林
はるか将来に伐採するための樹木を育てる。早くとも30年、長ければ100年に及ぶ育成が行なわれる。
製材
村や搬出の現場で製材・加工が行なわれる。
運材
伐採した樹木を運ぶ。運搬にはよく河川が用いられ、まず山裾の支流へと木を下ろしたのち、筏に組んで流送した。

火事などの祟《たた》りをもたらすといわれた。

また、山童は獣道《けものみち》を通り道にしているが、その道を侵《おか》されることを大変嫌う。知らずにそこに家を建てると、不幸なことが立て続けに起こるともいわれている。

山童のルーツは中国の山操《やまわろ》であるといわれるが、日本では河童が山に入って山童になるという説や、山の神の子だという説などがある。

その根底には、山の神信仰があったようだ。かつて山の仕事は、焼畑や伐採、製材、狩猟など、いずれも自然の恩恵を享受したものであった。反面、山の仕事は、自然環境の影響を受けやすい一面を併せ持っていた。

そのため、人々は山の自然を司《つかさど》る神を崇め、また、自然と共存していく道を選んだ。

第五章　助ける！

マヨヒガ

訪れる者に富と幸福をもたらす山中の隠れ里

時として人々の前に現われる隠れ里

山奥や地底にある理想郷「隠れ里」

岩手県遠野《とおの》市の山奥には、「マヨヒガ」と呼ばれる豪邸が存在するという。

柳田國男の『遠野物語』によれば、ある女が山中で迷い、さまよった末に、見たこともない豪邸にたどり着いた。立派な黒い門を持ち、庭には紅白の花が咲き乱れている。牛小屋や馬小屋にもたくさんの牛馬がいる。しかし、住人はどこにも見当たらない。家の中に入ってみると、お椀《わん》が出してあったり、火鉢《ひばち》にかかった鉄瓶《てつびん》の湯が沸いていたりと、どう考えても誰かが住んでいるようすだ。ところが、人影はまったくなかった。

日本周辺の異界

日本人は自分たちが暮らす世界の周囲に様々な異界の姿を描いてきた。

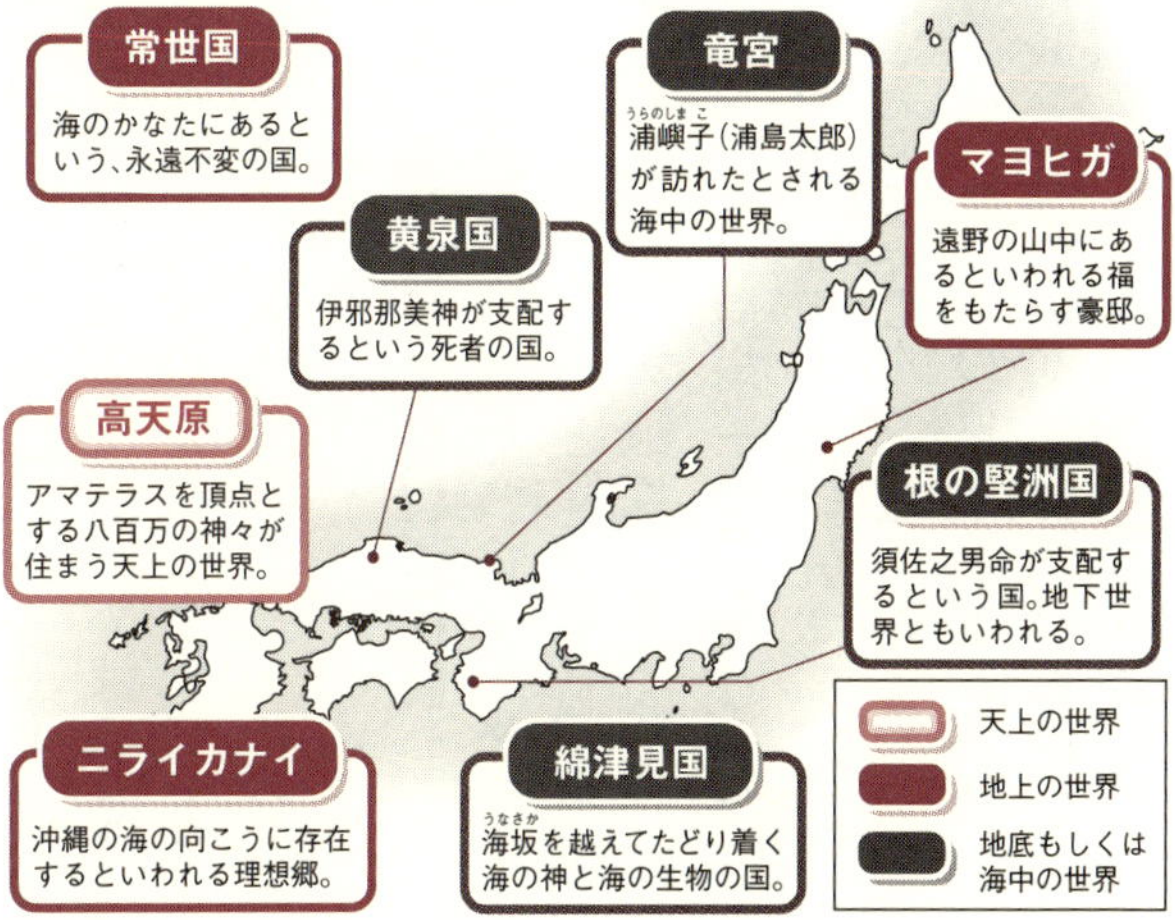
常世国
海のかなたにあるという、永遠不変の国。
竜宮
浦嶼子《うらのしまこ》（浦島太郎）が訪れたとされる海中の世界。
マヨヒガ
遠野の山中にあるといわれる福をもたらす豪邸。
黄泉国
伊邪那美神が支配するという死者の国。
高天原
アマテラスを頂点とする八百万の神々が住まう天上の世界。
根の堅洲国
須佐之男命が支配するという国。地下世界ともいわれる。
ニライカナイ
沖縄の海の向こうに存在するといわれる理想郷。
綿津見国
海坂《うなさか》を越えてたどり着く海の神と海の生物の国。
天上の世界
地上の世界
地底もしくは海中の世界

恐ろしくなった女はその家を逃げ出し、この出来事を人に語ったが誰も信じなかった。後日、その女が川で洗濯をしていた時、上流から赤い椀が流れてきた。女はそれを拾い上げて持ち帰った。すると、女の家はどんどん裕福になった。じつはその椀は、上流の不思議な豪邸から流れてきたものであった。

マヨヒガは訪れる人に幸福をもたらすと信じられ、品物を持ち帰ると幸福になるとか、マヨヒガから流れてきたものを拾うと幸福になるという。

こうした人目のつかない場所にある謎の家々にまつわる話は、遠野のマヨヒガに留まらず、日本全国に存在する。こうした家々を総じて「隠《かく》れ里《ざと》」と呼ぶ。山奥や地底などの人間世界と離れた場所で、世を逃れた人々がひっそりと隠れ住んでいるとされる。その入口は、川や洞窟などとされ、たまたま迷い込んだ人が発見することがある。

隠れ里は、中世の「物語草子《ぞうし》」にも登場するように、早くから人々の間でその存在が信じられてきた。人々はそこに一種の理想郷を見出していたと考えられる。

幸福への願いが生み出した伝説

隠れ里の伝説の起源ともいえる異世界が日本神話に見られる。

ひとつは「根《ね》の国《くに》」と呼ばれる地下の国である。ヘビやムカデなどとともに、死者や祖霊が籠る闇の世界とされるが、同時に地上に恵みをもたらす生産力の源だと考えられている。「黄泉国《よみのくに》」も、同様に死者が住むとされる地下の国で、『古事記《こじき》』におけるイザナキとイザナミのエピソードで知られる。その入口は山中や海辺の洞窟で、死者はそこを通って黄泉国と人間世界とを行き来したという。

「常世国《とこよのくに》」は、海の彼方にあるとされる隠れ里で、こちらも神話に登場する。常世国は死者や祖霊《それい》の国であると同時に、永遠の生命と豊穣をもたらす理想郷だとされている。この国になるトキジクノカクの木の実を食すると、不老不死になるという。

「綿津見国《わたつみのくに》」は、海神大綿津見《おおわたつみ》が住むとされる海底の国で、農業や漁業を守護して、人々に富をもたらすと考えられている。

奄美や沖縄で、海の彼方や海底にあると信じられている理想郷が「ニライカナイ」だ。

人々の幸福を求める強い気持ちが、多くの隠れ里伝説を生み出したのかもしれない。

ニライカナイに出会う！
―波照間島―

沖縄県の八重山《やえやま》諸島にある日本最南端の有人島。島の南部に位置する高那崎に、日本最南端の碑が建ち、岬へつながる道のりは、日本全国から集められた石を使って作られた、蛇の道となっている。この岬のさらに南には伝説上の島、南波照間島《みなみはてるまじま》があるといわれ、ニライカナイとする人もいる。

（沖縄県八重山郡竹富町波照間）

異界への入口

橋

異界と現世をつなぐ橋には橋姫伝説など、様々な怪異が伝えられる。

坂

坂の上と下で世界は異なるものと考えられた。

井戸

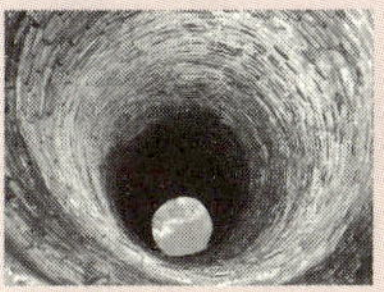

冥界への入口とされる。

門

羅城門や朱雀門など鬼の出現が目立つ。

獏《ばく》

寝ている間に悪夢を喰らう瑞獣

獏と同一視される白澤

実在の動物とどこが違うのか

「獏《ばく》」といっても、動物園にいる動物ではなく、れっきとした妖怪。熊のような体型で、鼻が長く、目はサイに、尾は牛に、脚が虎のように太く、体毛には斑点《はんてん》がある幻獣《げんじゅう》である。その特徴は夢を食べること。起源は中国だが、夢を食べる能力は日本独特のもので、とくに悪夢を食べる動物として重宝された。

『水木しげるの続・妖怪事典』によると、福島県では悪夢を見た時、「夕べの夢は獏にあげます」と唱《とな》えて息を三度吹きかける。または、「今晩の夢は獏に喰わせる、獏に喰わせる」

と三回唱えれば、災難を逃れることができるという。

　こうした夢を食べるという特色から、獏は正月に欠かせない存在となった。

初夢に吉夢《きちむ》を見るために、宝船の絵を枕の下に敷く風習があるが、嫌な夢を見ないようにと「獏」の文字を書いた宝船の絵を、枕の下に敷くことで悪夢を避けられるといわれたためだ。

中国の主な瑞獣

鳳凰《ほうおう》	徳の高い王者や、優れた知性を持つ人物が生まれると姿を現わす五色の霊鳥。
麒麟《きりん》	仁の心に厚い君主が誕生する際に姿を現わす一角の霊獣。角は肉に包まれ、いかなる生命をも傷つけないとされ、どんな小さな虫であっても傷つけないように歩く。
龍《りゅう》	巨大な蛇を思わせる体に手足を持つ霊獣。皇帝のシンボルとされた。
霊亀《れいき》	治水の才を持つ人（帝王）が生まれると姿を現わす亀。甲羅に水脈が刻まれており治水を助ける。
獬豸	優れた裁判官が生まれる時に姿を現わす一角の羊。

中国では徳のある君主が誕生する前に現われる白澤のような神獣を瑞獣として敬った。


　この獏と同一視される霊獣として白《はく》澤《たく》がいる。

　徳《とく》の高い君主が生まれる時に現われる瑞獣《ずいじゅう》といわれ、森羅万象《しんらばんしょう》に通じ、すべての妖怪にも精通していた。

　伝説上の君主・黄帝《こうてい》の前に現われた白澤の知識をもとにまとめた世界最古の妖怪図鑑『白澤図』は、魔除け、または妖怪除けの手引書として重宝されたという。

こらむ

怪談、お化け屋敷から現代の妖怪の担い手まで ——妖怪と娯楽

聞いて震える妖怪話の数々

怪談《かいだん》の芝居の人気が高まっていくに伴い、怪談の話芸への関心も高まった。話芸は、妖怪《ようかい》の物語だけを気軽に楽しみたいと考える庶民に人気を呼んだ。

寄席《よせ》においては噺家《はなしか》も歌舞伎《かぶき》の内容をまねた芝居噺から、自ら創作した人情噺を演じるようになり、やがて林家正蔵《はやしやしょうぞう》が怪談噺を披露するようになった。

当初は舞台に作り物のお化けの人形など様々な道具を並べて演じていたが、明治初期に三遊亭圓朝《さんゆうていえんちょう》が、扇子一本の落語で観客を沸かせるようになり、今のようなスタイルの落語となったという。

圓朝の代表作が『真景累ケ淵《しんけいかさねがふち》』である。

これは累《かさね》という女性が、自分を殺した夫の後妻たちに次々ととり憑《つ》いて殺害し、さらに後妻が産んだ娘にとり憑いて、呪《のろ》いの言葉を吐き続けるという怪奇物語である。

圓朝の話芸が、女性の執念深いさまを巧みに演じていたという。

お化け屋敷から現代の妖怪の担い手まで

お化けの娯楽として、江戸時代にはお化け屋敷が登場した。

怪談芝居が盛んになった江戸時代後期には、宇禰次《うねじ》のような作り物を得意とする人形師も現われた。木彫りの細工に動物の皮などをかぶせて、彼が作り上げたお化けの人形は、今にも襲いかかってきそうな雰囲気であったという。

このような化け物人形は怪談芝居や寄席などで用いられる一方、一八三六年には「寺島屋仕込怪物問屋」と称してお化け屋敷が興行され、以降、次々と開催されるようになった。今でも遊園地などで我々を楽しませてくれるお化け屋敷の起源はここにある。

こうして、妖怪は一層、大衆の身近な娯楽になると同時に、妖怪への恐怖、畏怖の念は次第に薄れていった。

現代では、様々な漫画家や小説家が妖怪と大衆を結びつけて活躍している。

なかでも『ゲゲゲの鬼太郎』で知られる水木しげるは、現代の妖怪ブームの火付け役となった人物である。自身、出征先のラバウルなどで妖怪に出会った経験があるという。

また、『姑獲鳥《うぶめ》の夏』など重厚感溢れる妖怪の物語を著す小説家・京極夏彦《きょうごくなつひこ》も鳥山石燕《とりやませきえん》が描いた妖怪を参考にしているという。

その他、二〇〇七年に映画化された手塚治虫《てづかおさむ》作の漫画『どろろ』、現代の若者と妖怪とを結びつけた藤田和日郎《ふじたかずひろ》の『うしおととら』など、今なお妖怪は人々を魅了してやまない。

第六章

驚かす！

―突如現われ人々を恐怖に陥れる妖怪たち―

怪火《かいか》

山中に、古戦場に、墓場に現われる正体不明の炎

老婆が火の玉となってさまよう姥が火

景行天皇を導いた八代湾の不知火

日常生活に役立つ火を「陽火《ようか》」というが、いわゆる怪火《かいか》現象で見られる、熱くもなく、燃えもしない神秘的な火のことを「陰火《いんか》」と呼ぶ。日本各地では、この「陰火」がもたらす様々な怪火現象が報告されている。

たとえば、信濃《しなの》（長野県）と遠江《とおとうみ》（静岡県）国境の山中に出現するという「老人の火」。雨の夜に出ることが多く、人に害を与えるわけではないが、恐怖のあまり急いで逃げると、どこまでも追いかけてくる。これは山中で老人が燃やす陰火。水では消えないが、獣の皮

日本の怪火現象

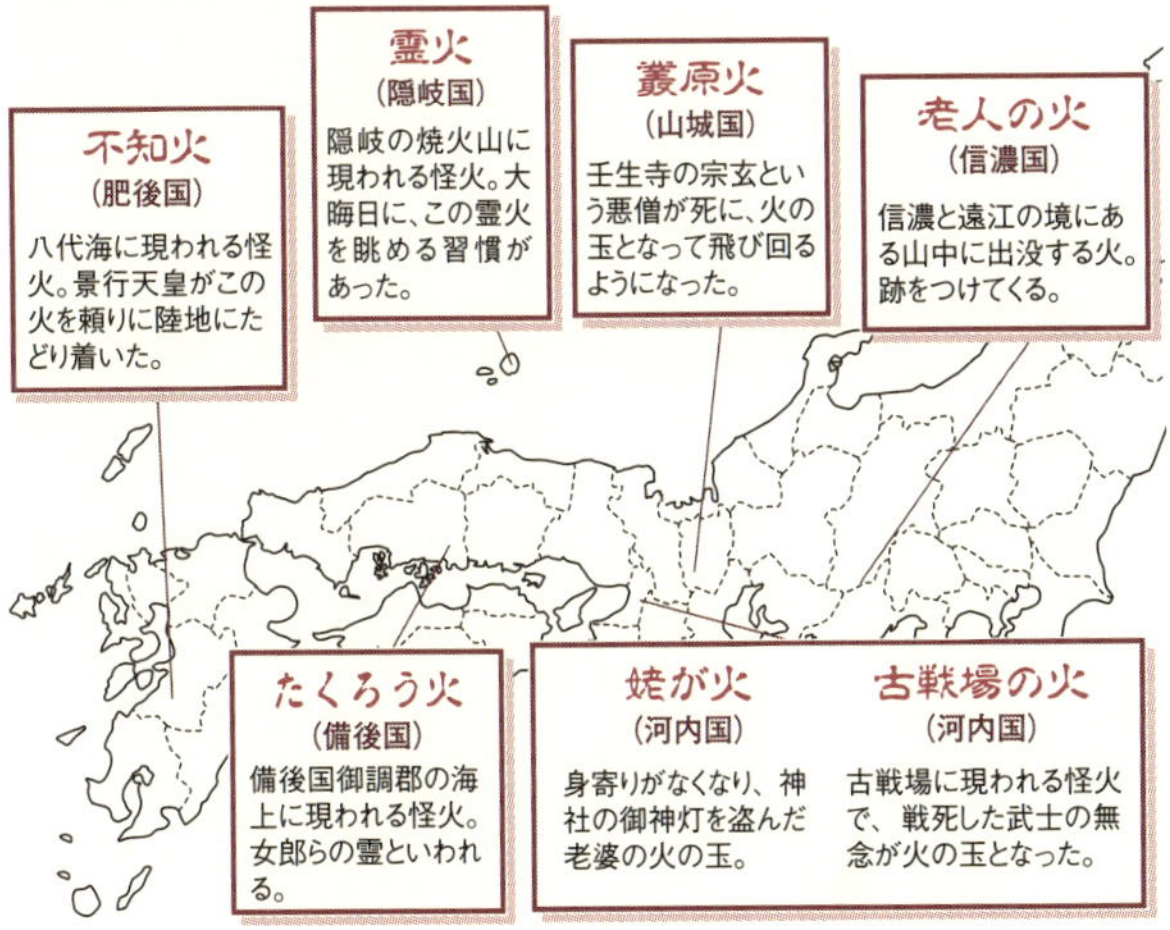

霊火
（隠岐国）
隠岐の焼火山に現われる怪火。大晦日に、この霊火を眺める習慣があった。
叢原火
（山城国）
壬生寺の宗玄という悪僧が死に、火の玉となって飛び回るようになった。
老人の火
（信濃国）
信濃と遠江の境にある山中に出没する火。跡をつけてくる。
不知火
（肥後国）
八代海に現われる怪火。景行天皇がこの火を頼りに陸地にたどり着いた。
たくろう火
（備後国）
備後国御調郡の海上に現われる怪火。女郎らの霊といわれる。
姥が火
（河内国）
身寄りがなくなり、神社の御神灯を盗んだ老婆の火の玉。
古戦場の火
（河内国）
古戦場に現われる怪火で、戦死した武士の無念が火の玉となった。

を用いると老人とともに消える。

また、京都の壬生寺《みぶでら》あたりには、「叢原火《そうげんび》」という怪火現象が見られるという。壬生寺の地蔵堂《じぞうどう》にいた宗玄《そうげん》という悪僧が、その罪のために悶《もだ》え苦しんで死に、地獄で魂が火の玉になって出現したものとされる。

河内《かわち》国（大阪府）にも不思議な火が出現する。東大阪市の枚岡《ひらおか》神社では、神社の御神灯《ごしんとう》を盗んだ老婆が死後に火の玉となり、村々を飛び回ったと伝えられている。同じ河内国には、古戦場に出現する火の玉もある。周辺では、大坂夏の陣などで大量の武士が死んだため、これらの無念が火の玉になって飛んでいるといわれる。

備後《びんご》国（広島県）の御調《みつぎ》郡の海上には、「たくろう火」が現われる。痛ましい死を遂げた女郎《じょろう》たちの霊が彷徨《さまよ》っているものとされ、ふたつの怪火が夜ごと、ふわりふわりと浮かぶという。

肥前国《ひぜん》(長崎県)の怪火は、「天火《てんび》」と呼ばれる。天から落ちてくる火で、家に入ってくることもあるが、念仏《ねんぶつ》を唱えると出て行く。天下を治めるのに不適格な者を罰する役割も持ち、かつて強欲な代官《だいかん》が焼死した際には、天火が火事を起こしたといわれた。

また、日向国《ひゅうが》(宮崎県)の延岡《のべおか》付近の三角池には、雨の降る晩にふたつ並んで現われる「筬火《おさび》」という怪火が伝わる。これは、仲の悪い女同士が、つかみ合いのけんかの末に池に落ちて溺れ死に、その魂が筬火になったとされる。

こうした数々の怪火のなかでも、熊本県の八代海《やつしろかい》に現われる「不知火《しらぬい》」は有名だ。現代でも見られる怪火であるが、その記録ははるか昔にも見られる。『日本書紀《にほんしょき》』や『風土記《ふどき》』によると、景行《けいこう》天皇が遠征をした際に、夜の海で迷ってしまったが、海上の不知火に導かれて、陸地へたどり着いたという。

火への畏怖と霊魂観が結びつく

一般に怪火現象といえば、墓場で見られる人魂《ひとだま》が有名だが、それ以外にも、山中に、古

不知火に出会う！
―八代海―

九州本土と天草《あまくさ》諸島に囲まれた内海で、旧暦の8月1日の深夜、干潮時、松合海岸一帯から八代、天草を望む南西方向の海上沖合いに不知火が現われる。海水の温度、水位、急激な放射冷却、地形といった条件が重なり、船の漁火が屈折して、不知火が生じるのだが、近年では海域の汚染が進み、不知火も現われにくくなっている。

（熊本県八代市ほか）

戦場に、海上にと、いたるところに怪火が出現し、鬼火《おにび》、狐火《きつねび》などとも呼ばれてきたのである。

いったい怪火はどうして出現するのだろうか。科学的には、人骨などに含まれるリンが自然発火したものといわれる。

ただ、人間は同時に火に対する強い畏怖《いふ》の念を持ってきた。『古事記《こじき》』において、伊邪那美命《いざなみのみこと》が、火の神である火之迦具土神《ひのかぐつちのかみ》を生んだ際、陰部に火傷《やけど》を負い、それが原因で死亡したとされる神話の背景にも、十分に制御しなければ取り返しのつかないことになる火への畏怖があったとされる。

こうした思いと、人間は死後に魂が肉体から離れて活動するという日本人の霊魂観とが結びついて、日本全国に怪火現象を生み出したと考えられている。

付喪神《つくもがみ》

妖怪になれないままに捨てられた古道具の妖怪

木魚が変化した木魚達磨

画集に登場するユニークな付喪神

日常生活でよく見られる道具類が妖怪となったのが「付喪神《つくもがみ》」だ。室町時代の書物である『陰陽雑記《いんようざっき》』によれば、当時の人々は、一〇〇年を経た道具には魂が宿って、妖怪《ようかい》になると考えていた。そこで、毎年新年を迎える前に、一〇〇年を経る前、つまり九九年経った古道具を路地に捨てていたという。この風習を「煤払《すす》い」と呼ぶ。

同じく室町時代に描かれた『百鬼夜行絵巻《ひゃっきやぎょうえまき》』に、器物に手足が生えたような妖怪がたくさん登場するのは、こうした考えに基づくものである。

とはいえ、道具たちにとってみればたまったものではない。九九年も人間のために働いてきたにもかかわらず、何の礼もないままあっさり捨てられてしまうのだから。

『陰陽雑記』によれば、捨てられた道具たちは、康保《こうほう》年間（九六四～九六八年）、ついに反乱を起こすに至ったという。彼らは京の北の船岡山《ふなおかやま》の後方、長坂《ながさか》の奥を拠点に、白河《しらかわ》付近に出没しては、人間や牛馬をさらって食べてしまったというのである。

では、具体的に付喪神とはどんな姿なのか。鳥山石燕《とりやませきえん》の画集『画図百器徒然袋《えずひゃっきつれづれぶくろ》』には、彼が創作した多くの付喪神が描かれている。

付喪神のいろいろ

雲外鏡

鏡の付喪神。化け物を映す力を持つという。

角盥漱

お歯黒を塗るための道具の付喪神。妖怪と化したのは、小野小町のものといわれる。

瀬戸大将

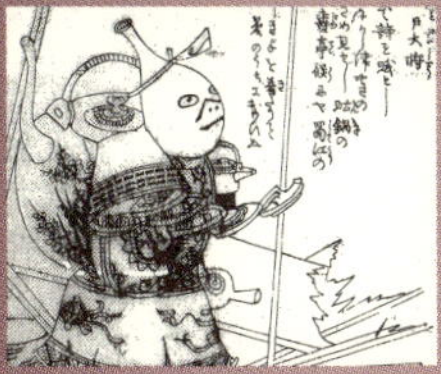

古くなった瀬戸物が妖怪化したもの。

鈴彦姫

神楽で用いられる鈴の付喪神。

まずは「雲外鏡《うんがいきょう》」。その名の通り鏡の付喪神で、化け物の正体を明らかにする鏡「照魔鏡《しょうまきょう》」をモデルとして描かれたと見られる。鉦鼓《しょうこ》の妖怪として登場する「鉦五郎《しょうごろう》」は、大坂の商人で、あまりの贅沢な生活によって幕府から処分を受け、失意のうちに病死した淀屋辰五郎《よどやたつごろう》の霊が、打楽器の鉦鼓の姿で現われたものとされる。

琴や琵琶、笙《しょう》などの楽器も付喪神になりやすい。たとえば、「琴古主《ことふるぬし》」は、『画図百器徒然袋』で自ら琴を弾く琴の妖怪として紹介されている。同時に景行天皇時代の伝承も残っている。佐賀県神埼《かんざき》郡で、天皇の命により家臣たちが宴《うたげ》の場を設けるため丘の草木を刈り取って、記念に琴を置いたところ、琴は姿を変えて楠《くすのき》になったという。これが琴古主だ。

「乳鉢坊《にゅうばちぼう》」は、芝居の鳴り物の一種である摺鉦《すりがね》として描かれている付喪神である。また、「瓢箪小僧《ひょうたんこぞう》」は、この乳鉢坊とともに瓢箪頭の妖怪として描かれている。

そのほかにも、矢の容器が妖怪となった「うつぼ」などもいるが、昔から、日本では瓢箪のように中身が空洞の物には、霊が籠《こも》りやすいとされてきたのである。

戒めから生まれた古道具の妖怪

『画図百器徒然袋』には仏に関係した付喪神もいくつか登場する。「如意自在《にょいじざい》」は、僧侶が使う孫の手のような仏具の如意が妖怪となったもの。一方、「木魚達磨《もくぎょだるま》」は禅堂の床の上に九年間も放っておかれた木魚が、妖怪となったものだ。木魚は不眠不休の修行を説くためにつくられたものであることから、木魚達磨は人にとり憑いて不眠症をもたらすと考えられてきた。

付喪神が現われた京の町

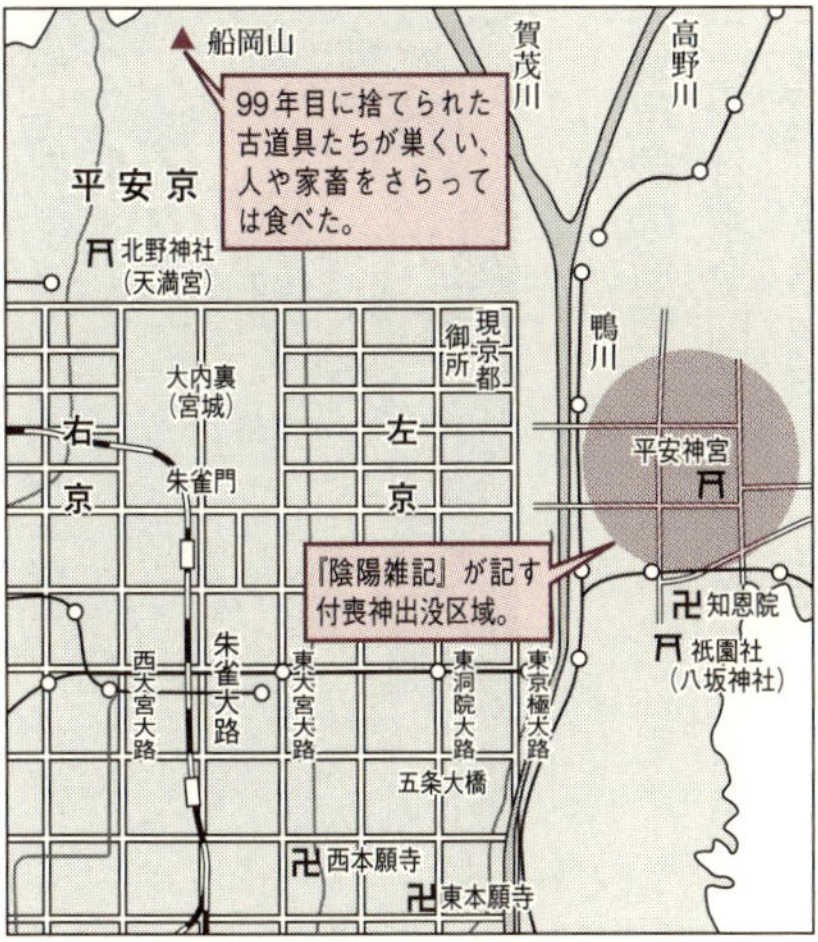

船岡山
99年目に捨てられた古道具たちが巣くい、人や家畜をさらっては食べた。
賀茂川
高野川
平安京
北野神社（天満宮）
現京都御所
大内裏（宮城）
鴨川
右京
左京
朱雀門
平安神宮
『陰陽雑記』が記す付喪神出没区域。
知恩院
祇園社（八坂神社）
西大宮大路
朱雀大路
東大宮大路
東洞院大路
東京極大路
五条大橋
西本願寺
東本願寺

京都北部の船岡山に集まった古道具の化身・付喪神たちは、この地を根城に、妖怪となれる直前に自分たちを捨てた人間たちへの復讐を開始したという。

さらに古いお面が妖怪となった「面霊気《めんれいき》」、馬具から生じた「鐙口《あぶみくち》」、「鞍野郎《くらやろう》」など、『画図百器徒然袋』に登場する付喪神は枚挙に暇がない。

たしかに元が何の変哲もない道具でも、妖怪となれば恐ろしい存在となる。

これらの付喪神は、道具を粗末に扱うと、道具に恨まれ、やがて妖怪となった時にひどい目に遭わされるから、「物を大切にしなさい」という戒めから生まれたものだと考えられている。

第六章　驚かす！

狐《きつね》

敬われながらも怪異の原因とされた神の遣い

神の遣いでもあった狐たち

怪異現象の原因

狐《きつね》は、日本全国に広く分布し、人里近くに住むことから、身近な野生動物として親しまれてきた。俊敏な動作や行動範囲の広さが、神出鬼没のイメージにつながり、農耕神の遣《つか》いとして人々から畏敬の念を持たれる存在となった。

同時に狐は人を化かしたり、人にとり憑《つ》いたりする獣とされてきた。これに加えて「狐は女に化けて男を惑わす」という中国伝来の話が浸透すると、化け物としてのイメージが定着してしまう。

全国の主な狐伝説

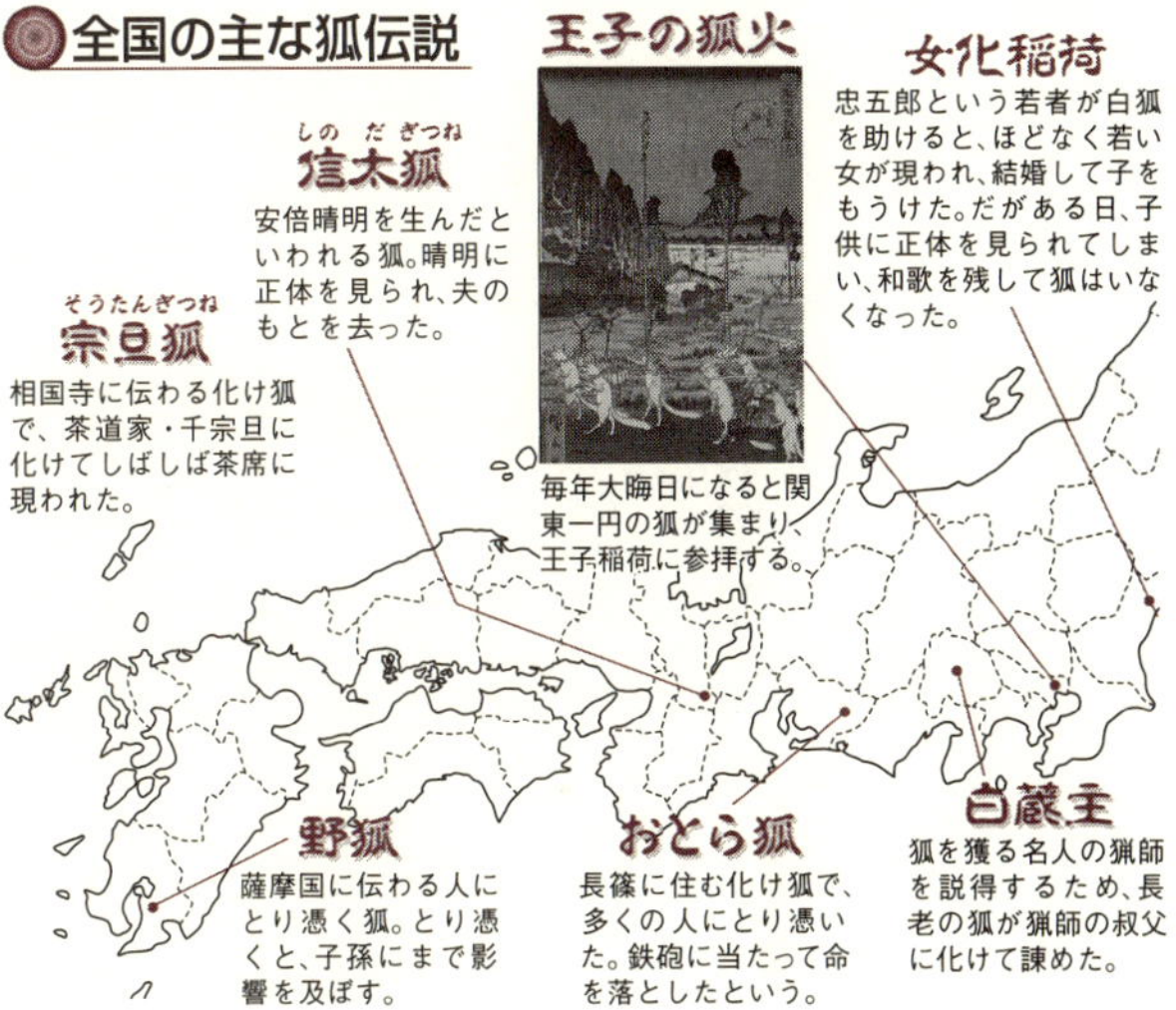
王子の狐火
毎年大晦日になると関東一円の狐が集まり、王子稲荷に参拝する。
女化稲荷
忠五郎という若者が白狐を助けると、ほどなく若い女が現われ、結婚して子をもうけた。だがある日、子供に正体を見られてしまい、和歌を残して狐はいなくなった。
信太狐《しのだぎつね》
安倍晴明を生んだといわれる狐。晴明に正体を見られ、夫のもとを去った。
宗旦狐《そうたんぎつね》
相国寺に伝わる化け狐で、茶道家・千宗旦に化けてしばしば茶席に現われた。
野狐
薩摩国に伝わる人にとり憑く狐。とり憑くと、子孫にまで影響を及ぼす。
おとら狐
長篠に住む化け狐で、多くの人にとり憑いた。鉄砲に当たって命を落としたという。
白蔵主
狐を獲る名人の猟師を説得するため、長老の狐が猟師の叔父に化けて諌めた。

こうした背景から、不可思議な現象を狐の仕業とする風潮が起こる。

正常な人間が何かにとり憑かれたように、獣のような動作を見せる現象は、狐憑きと呼ばれる。狐使いの命令によって人間の中に入り込んだ狐が、悪さを働くのだという。狐憑きになると、人々は、狐を追い出すために、とり憑かれた者に様々な責め苦を行なった。

夜の野原にゆらめく正体不明の火もまた、狐《きつね》火《び》と呼ばれて狐の仕業とされる。狐の息が光っているとも、狐が尾で火を起こしているともいわれ、江戸は王子《おうじ》の狐火が有名だ。

関東の稲荷《いなり》を束ねる王子稲荷《いなり》には、毎年、大晦日《おおみそか》になると、関東一円の狐が集まってお参りをした。その時、狐たちの行列が出す狐火で、農民たちは収穫の豊凶を占ったという。

こうした怪異の原因とされた狐の中には、名を残した者もいる。

かつて甲斐《かい》国では、ある猟師がたくさん狐を獲っていた。これに危機感を抱いた狐は、猟師を説得するために、猟師の叔父で寺の法師《ほうし》をしている白蔵主《はくぞうす》に化け、甥を諫《いさ》めて猟をやめさせることに成功した。その後も、狐は白蔵主として過ごし、周囲の人間からも敬愛されたが、数十年後、鹿狩り見物の際に二匹の猟犬に喰いつかれて命を落とした。

この伝説から、狐が法師に化けることや、法師が狐に似た行ないをすることを「白蔵主」と呼ぶようになったという。

世にも不思議な狐伝説

三河《みかわ》国の長篠《ながしの》のあたりにも、狐伝説が存在する。当地に住んでいた「おとら狐」は城の鎮守《ちんじゅ》として祀られていた稲荷の遣いで、常に人間を観察し続けた。

だが、これが災いして彼は多くの負傷歴を持つ。織田信長《おだのぶなが》が鉄砲を用いて武田《たけだ》軍を打ち破った長篠《ながしの》の合戦を、見物していたところ、流れ弾に左目を貫かれてしまった。さらに、長篠城の評定《ひょうじょう》の場に忍び込んだものの、正体がばれて武士たちに斬りつけられ、今度は

日本の神社

（神社本庁調べ）

神社の種類	祭神	神社数
神明神社	天照大御神	約5400社
八坂神社	須佐之男命	約2900社
金毘羅宮　琴平神社	大物主命	約2000社
諏訪大社　諏訪神社	建御名方神、八坂刀売神	約5700社
春日大社　春日神社	建御雷命、経津主命など	約3000社
熊野神社	須佐之男命、伊邪那岐神など	約3300社
稲荷神社	宇迦之御魂神	約19800社
八幡宮　八幡神社	応神天皇、神功皇后	約14800社
天満宮　天神社	菅原道真	約10300社
住吉大社　住吉神社	筒之男三神	約2000社
恵比寿様	蛭子神か事代主神	約1500社

日本には様々な神社が存在するが、稲荷神社が圧倒的に多い。

左足を傷つけられた。

自分の身を危険にさらしてまで、人間たちを見物しようとしたのだから、よほど好奇心の強い狐だったらしい。その後、おとら狐は信濃の川中島《かわなかじま》で、猟師が鉄砲で鳥を撃つのを見物している時に、流れ弾に当たって死んだという。

常陸《ひたち》国には、人間の妻となり母となった狐の伝説がある。

かつて、猟師に狙われたところをある男に助けられた雌狐が、娘に姿を変えてその男の嫁となり、三人の子をもうけたが、その後正体がばれて去っていった。人々は「女化《おなばけ》稲荷」という社を立てて、この狐を祀ったと伝えられている。

狸《たぬき》

人を化かし欺くも なぜか憎めない愛嬌のある妖獣

人を化かす豆狸

分福茶釜をもたらした守鶴の正体

狐とともに、人間を化かす獣の双璧とされる狸《たぬき》。人間や犬などに襲われると、死んだように見せかけ、油断している隙を見て逃走するなどの習性から、人を化かす、人を欺《あざむ》く存在とみなされるようになったと考えられる。狐同様、狸の伝説も多く生まれている。

なかでも有名なのが、群馬県館林《たてばやし》市茂林寺《もりんじ》に伝わる狸伝説だ。室町時代に、美濃《みの》国（岐阜県）の名僧大林正通《だいりんしょうつう》禅師が、上野国《こうずけ》（群馬県）の榛名《はるな》山麓を旅していると、若い僧が現われ弟子入りを願い出た。禅師は一度は断ったものの、思い直して弟子にして、守鶴《しゅかく》と

全国の主な狸伝説

狸伝説は全国に散見されるが、狐の生息しなかった四国に集中する傾向にある。また、狸は神聖視されなかっただけあって、全国にはまるで人間社会の縮図のような狸社会が伝わる。

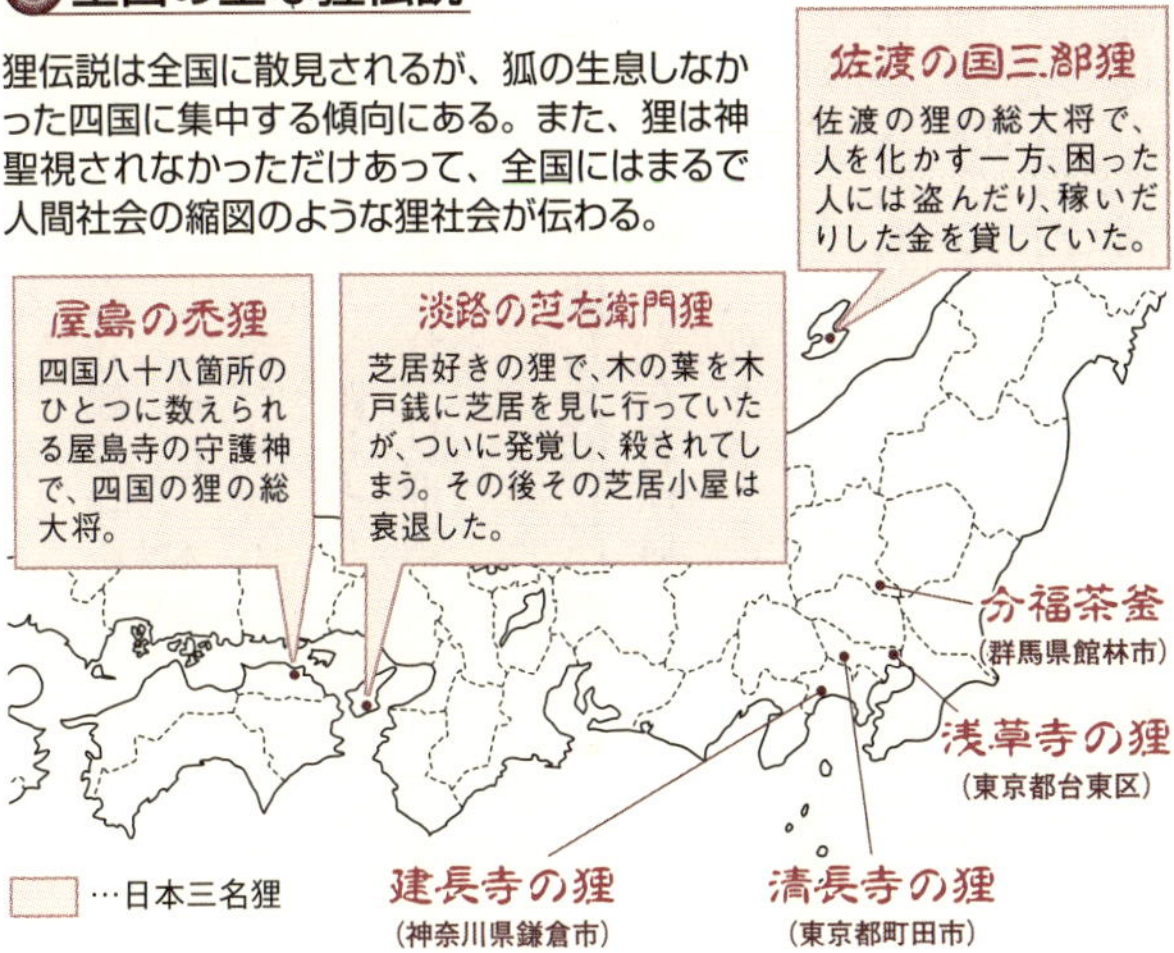
佐渡の団三郎狸
佐渡の狸の総大将で、人を化かす一方、困った人には盗んだり、稼いだりした金を貸していた。
屋島の禿狸
四国八十八箇所のひとつに数えられる屋島寺の守護神で、四国の狸の総大将。
淡路の芝右衛門狸
芝居好きの狸で、木の葉を木戸銭に芝居を見に行っていたが、ついに発覚し、殺されてしまう。その後その芝居小屋は衰退した。
分福茶釜
（群馬県館林市）
浅草寺の狸
（東京都台東区）
建長寺の狸
（神奈川県鎌倉市）
清長寺の狸
（東京都町田市）
…日本三名狸

いう名を与える。ふたりは旅を続け、同国の館林を訪れて茂林寺を開いた。やがて、禅師は亡くなり、二代目、三代目と後継者が寺を引き継いでいった。しかし、その間も守鶴は元気に生き続けた。

そして、七代目の月舟《げっしゅう》禅師に仕えるようになったある日、守鶴はどこからか茶釜《ちゃがま》を持ってきた。それは、いくら湯を汲んでもなくならない不思議な茶釜だった。

一〇〇年以上も茂林寺にあり、謎の茶釜まで調達した守鶴は何者なのか。正体が明らかになるのは一〇代目の岑月《しんげつ》禅師の時代である。就寝中の守鶴が狸の姿を現わしていたのを目撃した者が現われたのだ。守鶴は、自分が数千歳の狸であり、釈尊《しゃくそん》の説法を聞いて唐《とう》に渡ったあと、日本に戻って正通禅師の弟子になったと告白した。

正体がばれた守鶴は寺を去ったが、やがて茂林寺境内《けいだい》の沼には一羽の鶴が飛来するようになった。そして連日、本尊《ほんぞん》を拝んだことから、人々は守鶴が飛来したのだと噂した。

守鶴が持ってきた不思議な茶釜は「分福茶釜《ぶんぶくちゃがま》」と呼ばれ、いつしか物語化している。時折、手足が生えて踊りだし、狸の首やシッポも出てきたという。それが住職によって古道具屋に売り払われ、見世物となった。その後は、再び茂林寺に戻り、いまも現存している。

狸同士が展開した激しい合戦

「阿波《あわ》狸合戦」も有名な狸伝説だ。

江戸時代の天保《てんぽう》年間（一八三〇〜四四）、阿波の日開野《ひがいの》の染物屋・大和屋《やまとや》に奉公する金《きん》長《ちょう》狸《だぬき》がいた。この狸のおかげで大和屋は大繁盛していたが、ある日、金長狸は、津田浦《つだうら》に住む六右衛門狸《ろくえもんだぬき》と合戦をすることになったと打ち明ける。

じつはこの金長狸、六右衛門狸の元で修行していたものの、婿養子の縁組を断わったため、六右衛門狸から疑惑の目を向けられ、仲間を殺されてしまったのだという。

戦場の勝浦川《かつうらがわ》に向かった金長狸と六右衛門狸のもとには、多数の狸が各地から集結した。

開戦と同時に彼らは激しい戦いをくり広げ、多くの狸が戦死していった。六右衛門狸は金長狸方の狸に喰い殺され、金長狸も合戦の傷がもとで死んでしまった。両派はそれぞれ二代目が継いで、さらに戦いを続けた。戦いは互角の勝負で、死者は増える一方。これ以上続ければ、双方滅んでしまう時になり、ようやく狸界の大御所・讃岐屋島《さぬきやしま》の禿狸《はげだぬき》が仲裁に乗り出して、合戦は終了した。合戦後、一帯には無数の狸の死体が転がり、人々を驚かせたという。

　このほかにも、「狸憑き」や「道灌《どうかん》山《やま》の狸」など、狸の伝説は多い。とくに狐が生息しなかった四国には最も多く残る。狸は、狐ほど狡猾《こうかつ》に人を化かすのではなく、やや間の抜けた愛嬌《あいきょう》のある化かし方をする。神の遣いという観念がなかったことが、狸を親しみのある存在にしたのであろう。

阿波狸合戦

赤殿中
旧吉野川
今切川
吉野川
焙烙狸・六兵衛狸・八兵衛狸
お芳狸
お八重狸
権右衛門狸
勝浦川
六右衛門狸
金長狸
小松島港
阿波狸合戦の戦場

狸に親しみを抱く四国には狸合戦の伝説が伝わる。地元には参加した狸たちを祀る祠が散見されるという。

第六章　驚かす！

化《ば》け猫《ねこ》

二股の尾を持ち人を喰らう怪猫伝説

年を経て尾がふたつに裂けた化け猫

身近なペットの妖怪変化

猫《ねこ》が日本にやってきたのは、奈良時代のことで、それ以前は野生の山猫が生息するだけであった。家猫は貴族が屋内で愛玩用として飼ったほか、社寺でネズミを駆除する目的で飼われるなど、身近な存在となっていった。

しかし、同時に猫は人を化かし、襲う化け物としての側面も持つようになった。たとえば『徒然草《つれづれぐさ》』には、奥山に住んで人を喰らう「猫また」の記述が見られる。家猫が年をとると尾がふたつに裂けて猫またになるなどともいわれて、人々を震え上がらせてきた。

世界の猫と民俗

猫はエジプトを発祥とするといわれ、全世界で人間の身近にあり続けた。そんな猫に対する見方も地方によって様々である。

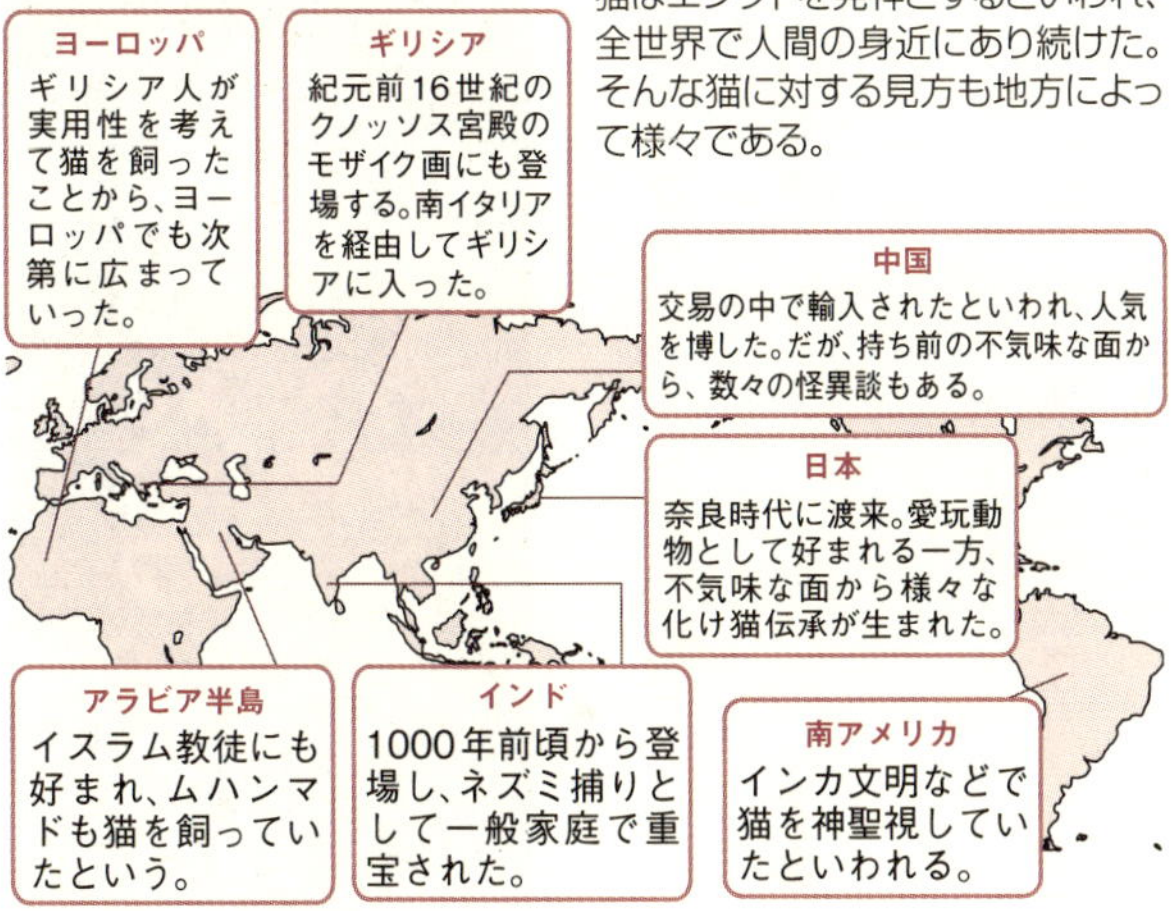
ヨーロッパ
ギリシア人が実用性を考えて猫を飼ったことから、ヨーロッパでも次第に広まっていった。
ギリシア
紀元前16世紀のクノッソス宮殿のモザイク画にも登場する。南イタリアを経由してギリシアに入った。
中国
交易の中で輸入されたといわれ、人気を博した。だが、持ち前の不気味な面から、数々の怪異談もある。
日本
奈良時代に渡来。愛玩動物として好まれる一方、不気味な面から様々な化け猫伝承が生まれた。
アラビア半島
イスラム教徒にも好まれ、ムハンマドも猫を飼っていたという。
インド
1000年前頃から登場し、ネズミ捕りとして一般家庭で重宝された。
南アメリカ
インカ文明などで猫を神聖視していたといわれる。

　秋田県や山形県などの羽後《うご》地方には、囲《い》炉《ろ》裏《り》や火鉢のそばに寝そべり、人の気配がなくなると五徳《ごとく》を持って自分で火を起こしにくる五徳猫の伝説が伝わる。また、島根県松江《まつえ》市の武家で家来を襲い、傷を負うと主人の母親を喰らって彼女に成りすました小池婆《こいけばば》という化け猫の逸話《いつわ》もよく知られる。ほかにも、火《か》車《しゃ》、高須《たかす》の化け猫など、日本各地には無数の化け猫伝説が伝わっているのである。

　なかでも江戸時代には、飼い主から我が子の復讐を託された家猫が、化け猫軍団を率いて大暴れした鍋島《なべしま》藩の化け猫騒動や、煎餅屋《せんべいや》の亭主が猫を殺し、その女房が猫にとり憑かれてしまった江戸庶民の逸話など、数多くの化け猫伝説が誕生した。

ぬっぺっぽう

目鼻のない顔で人を驚かす妖怪

肉の塊のようなぬっぺっぽう

ぬっぺっぽうと「朱の盤」が融合

ある男が「のっぺらぼう」に遭遇して、恐怖のあまり逃げ出す。逃げ出した先でその恐怖体験を語る。すると語った相手ものっぺらぼうで、男は恐ろしさのあまり気を失ってしまう……。

こうして一度ばかりか二度も人を驚かすのが、のっぺらぼうにまつわる怪談である。

のっぺらぼうは、顔のない妖怪だ。ところが、そのルーツとされる「ぬっぺっぽう」という妖怪は、ずいぶん姿が異なっている。「ぬっぺっぽう」とは、「ぬっぺら坊」が訛《なま》った

東北地方ののっぺらぼう

ずんべら坊

（青森県津軽地方）

歌のうまい男が山中を歩いていると、ザンギリ頭に目も鼻も口もないずんべら坊が出現。男が隣村へ逃げ込み山中での出来事を語ると、「そのずんべら坊はこんな顔だったか?」と先ほどと同じずんべら坊の顔を向ける。

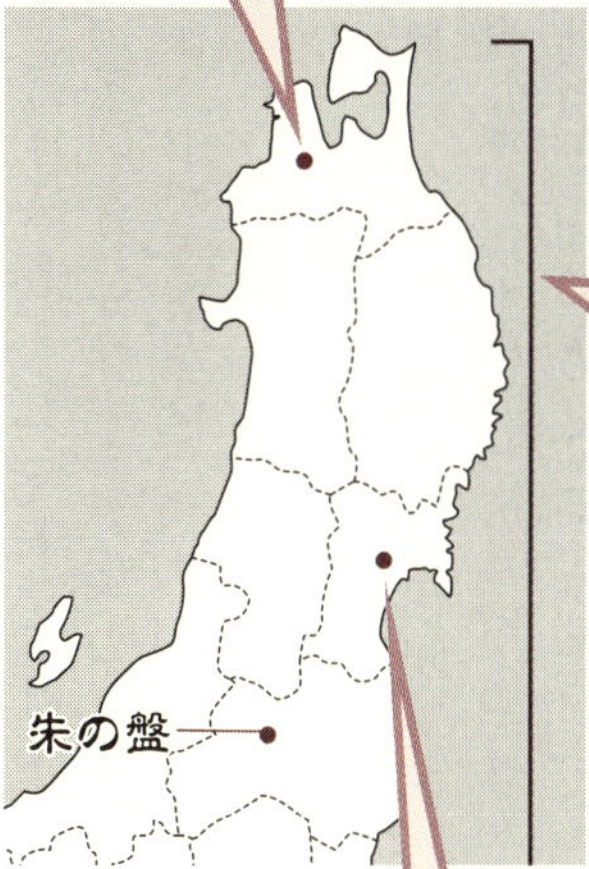

歯黒《はぐろ》べったり

（東日本）

後ろを向いている女性に声をかけると、振り返った顔がのっぺらぼう。そして、白い顔の下方が割れてお歯黒がべったりついた口で笑うという。

否哉《いやや》

（宮城県仙台市）

若い女性の姿をしていて、実は顔はいやらしい男。男性が声をかけると振り返り、その顔を見せて驚かせる。

もので、「坊」は事物を表わす語につけて擬人化する時に使われる単語である。

その姿は、顔と体の区別がつかない肉の塊《かたまり》のようなもの。

このぬっぺっぽうが、やがて顔がぬっぺりとした妖怪となり、初めは人間のふりをして通行人などに接近し、その人と親しげに会話した後に、相手が油断すると正体を現わして驚かすという行動パターンが定着したようだ。

さらに、古くから奥州《おうしゅう》会津《あいづ》の諏訪《すわ》の宮に出現するという妖怪「朱《しゅ》の盤《ぼん》」にまつわる怪談話などがそこに融合して、現在ののっぺらぼうの話ができたと考えられている。

のっぺらぼうは、動物が化けたのだとする見方もある。小泉八雲《こいずみやくも》の『怪談《かいだん》』には、ある男が目も鼻も口もない女に出会い、驚いて逃げ出して屋台の蕎麦屋《そばや》の主人にそのことを話すと、主人も顔のパーツがなかったという話が記されている。

これは、狢《むじな》あるいは川獺《かわうそ》の仕業《しわざ》だとされている。

振り向けば異形の女たち

のっぺらぼうと同様に、相手が油断したところを異形の顔で驚かす妖怪は、ほかにも存在する。たとえば、仙台城下に出没するとされる「否哉《いやや》」だ。

朱の盤に出会う！
—諏訪神社—

朱の盤が現われたといわれる神社。
朱の盤は、昔から広く知られた妖怪であったらしく、のっぺらぼう伝説にも大きな影響を与えたと見られる。またある旅人が泊まった家で五尺（約一・五メートル）もある舌を持つ老婆に襲われる越後の「舌長婆」の伝説にも登場する。
（福島県会津若松市本町 2-50）

少年がある時、前を歩く若い娘が自分の姉に似ていると思って、声をかけると、振り向いた女は姉とは似ても似つかない、いやらしい男の顔をしていたという。

「歯《は》黒《ぐろ》べったり」という妖怪もいる。こちらは、夕暮れ時に出現し、後ろから見ると美しい女性に見える。

角《つの》隠《かく》しを着けていることも多く、顔を伏せたり泣いたりしてたたずんでいる。それを見た人が心配して声をかけると、女はすぐに振り返る。

その顔には目鼻がない。驚いて立ち尽くしていると、白い顔の下の部分がぱっくり割れて、お歯黒を施《ほどこ》した黒い歯を見せて笑うのだ。

こちらも、のっぺらぼうに負けず劣らず気味の悪い妖怪である。

ろくろ首《くび》

寝ている間に首が身体を離れ現世を彷徨う女の妖怪

妖艶な女性のろくろ首

ろくろ首と抜け首

越前《えちぜん》国に住む侍が京へ向かっていた時、ふと何かが道に転がり出てきた。よく見てみれば、それはなんと女の首。しかも侍を見て笑っているではないか。化け物と確信した侍が、刀を抜いてその首に斬りつけると、首は逃げ出した。侍がこれを追いかけると、首はある民家の中へと入っていった。

侍はその民家の様子をうかがう。すると、家の中の女房が夫に対し、侍に追いかけられる夢を見たと話している。侍は門を叩いてさきほどの出来事を話すと、夫婦は驚き、恥じ

全国の主なろくろ首伝説

江戸新吉原のろくろ首
越前国さはや野のろくろ首
若狭国士町のろくろ首
讃岐国のろくろ首
下総国の男のろくろ首
肥後国のろくろ首
甲斐国の人を喰うろくろ首

た女房はのちに尼《あま》になったという。

以上が越前国に伝わる「ろくろ首」の伝説である。一般に「ろくろ首」というと、外見は普通の女性なのに、寝ている間に胴体を置いて首だけがするすると伸び、勝手に動き回る妖怪として知られる。

一方で、首が伸びるのではなく、首そのものが胴体から抜け出る、「抜《ぬ》け首《くび》」といわれる種類も存在する。その起源は中国にあり、こちらも首と胴体が完全に離れて飛び回るもので、「飛頭蛮《ひとうばん》」と呼ばれている。

ろくろ首が日本に入ってきたのは、室町時代から安土桃山時代あたりだと見られる。江戸時代になると、怪談集や随筆、妖怪画などにたくさんの記録が残されるようになった。

第六章　驚かす！

見越《みこ》し入道《にゅうどう》

人の背後に現われてはみるみる巨大化する入道

背後から迫りくる見越し入道

妖怪の親玉

江戸時代に妖怪の親玉とみなされていた「見越《みこ》し入道《にゅうどう》」という坊主頭の巨人がいる。主に四《よ》つ辻《つじ》、石橋、木の上などに出没し、背後から覆い被さるようにして人々の顔をのぞき込んでくる。遭遇した人間が思わず振り返ると、みるみるうちに巨大化して人を見越し、最後にはその人めがけて倒れてくるという。倒れた方向には災難が起こるとか、先を越されると死んでしまうなどの言い伝えもある。

見越し入道に似た伝説は全国各地に伝わり、呼び名も様々だ。一般的なのは長野、岡山、

全国の見越し入道

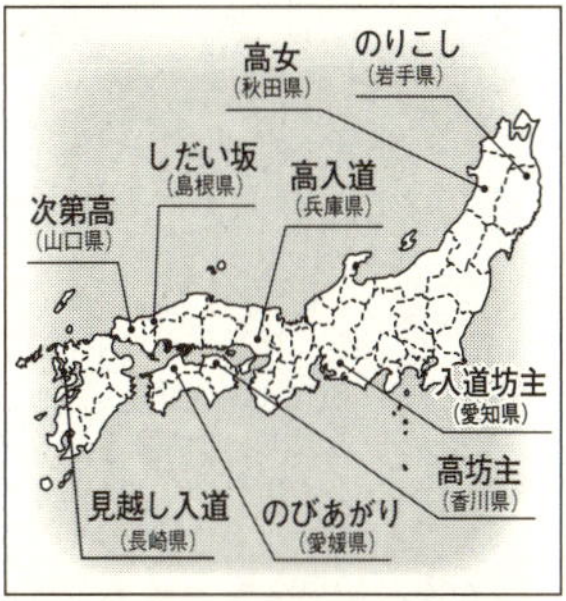

高女（秋田県）
のりこし（岩手県）
しだい坂（島根県）
高入道（兵庫県）
次第高（山口県）
入道坊主（愛知県）
高坊主（香川県）
見越し入道（長崎県）
のびあがり（愛媛県）

見越し入道撃退法

「見越し入道、見抜いた」（長崎県）
「見越した、見越した」（静岡県）
「見上げ入道、見越した」（新潟県）
「見ていたぞ」（愛知県）

見越し入道の登場

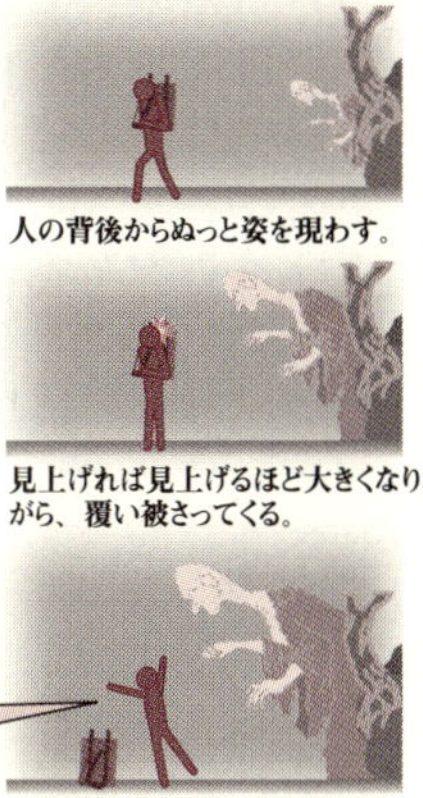

一、人の背後からぬっと姿を現わす。

二、見上げれば見上げるほど大きくなりながら、覆い被さってくる。

三、巨大化したあとに、見上げた人を目掛けて倒れ込んでくる。

長崎県などの「見越し入道」だが、岩手県の「のりこし」、徳島県の「高入道《たかにゅうどう》」、愛媛県の「のびあがり」、山口県の「次第高《しだいだか》」などもある。

ただ、見越し入道は撃退可能。見れば見るほど大きくなるのだから、冷静に視線を元の高さに戻せば、入道の背丈は縮んでいく。岡山県では、頭から足へと視線を移す。だが、これを逆にやると喰われてしまうという。

また、呪文《じゅもん》を唱える方法もある。長崎県の壱岐《いき》では「見越し入道、見抜いた」、静岡県では「見越した、見越した」、新潟県では「見上げ入道、見越した」愛知県では「見ていたぞ」と唱える。

この妖怪の正体は何なのか。イタチ、狢《むじな》、狸、川獺《かわうそ》、また河童などともいわれている。

第六章　驚かす！

ひとつ目小僧《めこぞう》

修行僧たちの怠慢を戒めて回る高僧の化身

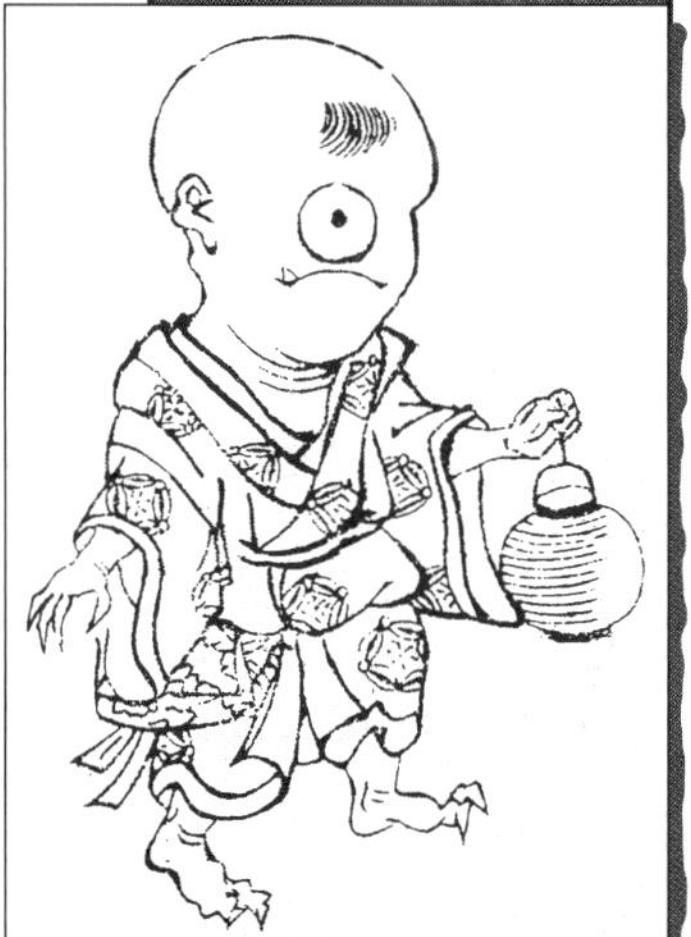
『天怪着到牒』に描かれたひとつ目小僧

妖怪化した名僧の嘆き

目がひとつの、七、八歳の小さな子供の妖怪「ひとつ目小僧」は、比叡山《ひえいざん》では「一眼一足法師《いちがんいっそくほうし》」という存在として伝えられている。夜な夜な鉦《かね》を鳴らしながら僧房を徘徊《はいかい》し、修行を怠ける僧がいないか見回るのだという。

もし、山を抜け出して町へ遊びに行こうものなら、恐ろしい目に遭う。途中で目の前に立ちふさがったり、何とかたどり着いて酒を飲んでいても、隣りに座って見つめている。僧にとっては、なんとも厳しい妖怪だ。

それもそのはず、妖怪の正体は平安時代に天台座主《てんだいざす》であった高僧で、比叡山の守護《しゅご》とされた良源《りょうげん》か、その弟子慈忍《じにん》の化身といわれる。当時の比叡山は三〇〇〇人もの僧がいて、なかには修行をさぼったり、戒律《かいりつ》を破る者もいたらしい。慈忍はこれを深く憂いながら息を引き取ったという。

一方、日本に古くから伝わる信仰として、人々に恵みや時には災いをもたらす大子またはダイシと呼ばれる神霊がいる。この神霊はひとつ目、一本足という姿をとると考えられてきた。これが良源や慈忍と結びついて、ひとつ目小僧の話になったともいわれている。

比叡山の四大魔所とひとつ目小僧

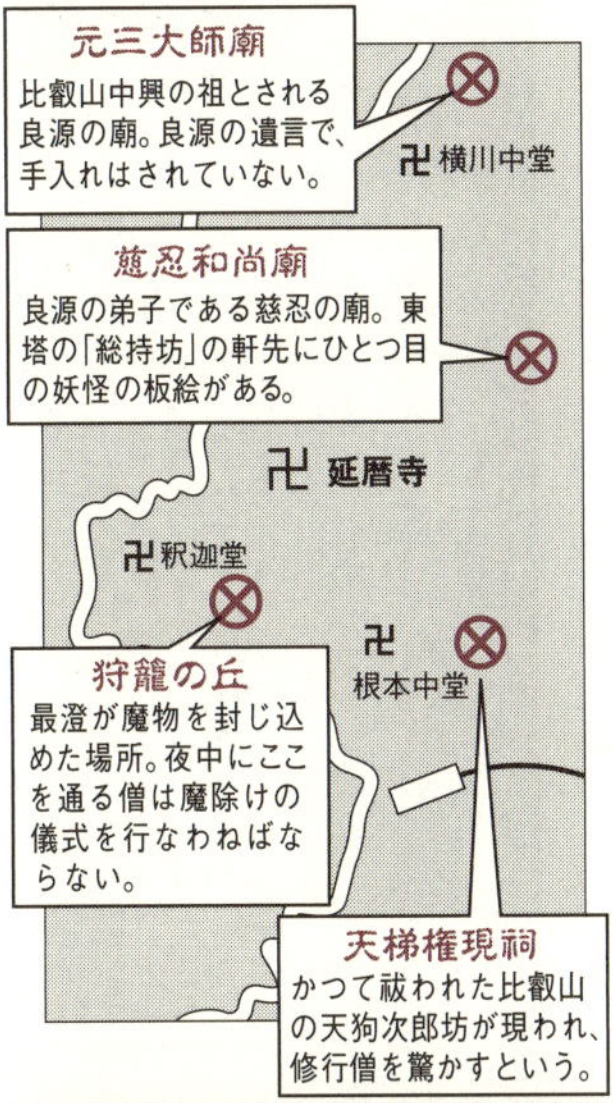
元三大師廟
比叡山中興の祖とされる良源の廟。良源の遺言で、手入れはされていない。
横川中堂
慈忍和尚廟
良源の弟子である慈忍の廟。東塔の「総持坊」の軒先にひとつ目の妖怪の板絵がある。
延暦寺
釈迦堂
狩籠の丘
最澄が魔物を封じ込めた場所。夜中にここを通る僧は魔除けの儀式を行なわねばならない。
根本中堂
天梯権現祠
かつて祓われた比叡山の天狗次郎坊が現われ、修行僧を驚かすという。

ひとつ目小僧に出会う！
―比叡山延暦寺―

滋賀県大津市坂本本町の比叡山全域を境内とする寺院。788（延暦7）年、伝教大師・最澄《さいちょう》が建立したことに始まる。中興の祖といわれる良源の死後、寺の退廃ぶりを嘆いた慈忍《じにん》が死してひとつ目小僧となり、修行を怠ける者を戒めているという。（滋賀県大津市坂本本町 4220）

山本五郎左衛門《さんもとごろうざえもん》

勇気ある少年を襲い続けた妖怪たちの親玉

裃姿で現われた山本五郎左衛門

ユニークな妖怪が続々登場

江戸時代には『百鬼夜行絵巻』のように、妖怪の絵巻物が多く制作されたが、その中でも異彩を放つのが『稲生《いのう》物怪《もののけ》録《ろく》絵巻《えまき》』である。備後《びんご》国三次《みよし》藩、現在の広島県三次市で、一七四九（寛延《かんえん》二）年七月に、一か月もの間に渡って起きた妖怪騒動を描いたものだ。

主人公は実在した稲生家の嫡男《ちゃくなん》・平太郎《へいたろう》。当時一六歳の少年藩士である。平太郎が妖怪に襲われるようになったきっかけははっきりとはしないが、どうやら比熊山《ひぐまやま》と関わりがあるようだ。

五月末の夜、隣家に住む相撲取りの三《み》ツ《っ》井《い》権八《ごんぱち》と肝試《きもだめ》しのために比熊山に登り、古墓の前で百物語をしたという。あるいは、三次若狭《わかさ》の古塚の後ろにある、触れると祟《たた》りがあるといわれてきた天狗杉《てんぐすぎ》の周りを、平太郎は三周し、草の葉を結んで帰ってきたためという説もある。

『稲生物怪録』の舞台・三次

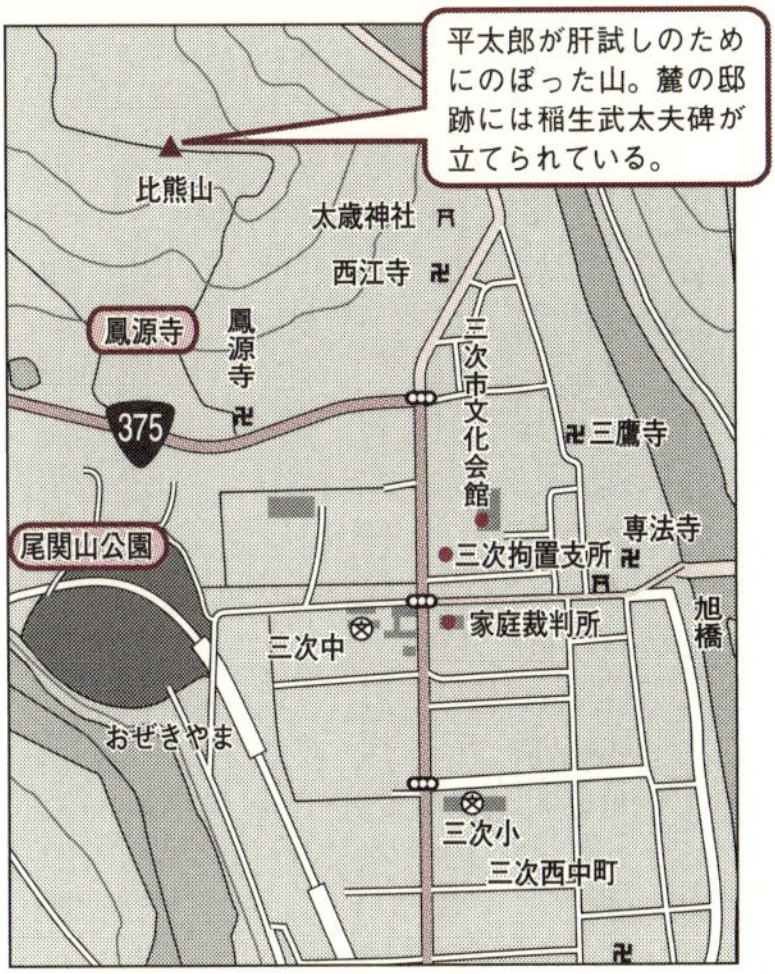
平太郎が肝試しのためにのぼった山。麓の邸跡には稲生武太夫碑が立てられている。
比熊山
太蔵神社
西江寺
鳳源寺
鳳源寺
375
三次市文化会館
三鷹寺
専法寺
三次拘置支所
尾関山公園
旭橋
家庭裁判所
三次中
おぜきやま
三次小
三次西中町

稲生平太郎は、三次藩に実在した人物といわれ、のちに稲生武太夫と名乗ったといわれる。

ともあれ、平太郎は妖怪に目をつけられてしまう。

実際に怪異が起こり始めたのは、それから一か月後の七月一日からである。現われた多種多様の怪異は、大きく二種類に分けられる。ひとつはいわゆる「お化け」で、初日に現われた塀の外から出てきて平太郎をつかんだ大男の腕や、髪の毛を足にして座敷を歩く女の生首、ミミズを吐き出す化け物、踊り跳ねる串刺しの坊主の首などといったものだ。なかでも、巨大な老婆の顔や、女の首は二度三度と現われている。

もうひとつは「怪異現象」だ。燃え上がる行灯《あんどん》や湧き出る水による水浸しの布団《ふとん》、下がる天井《てんじょう》、飛ぶ塩俵《しおだわら》や盥《たらい》などである。部屋を掃除してくれる棕櫚箒《しゅろぼうき》のように、ユーモラスなものもあった。

これだけの怪事に襲われながらも、平太郎は決してひるむことはなかった。

そして、七月三〇日の夜に、最後の物《もの》の怪《け》がやってくる。山本五郎左衛門《さんもとごろうざえもん》と名乗る裃《かみしも》姿の武士が現われ、自分が妖怪たちの頭領だと告げて、平太郎の勇気を称えて木槌《きづち》を与えた。これを叩けば、現われて力になると言い残し、妖怪たちを引き連れて駕籠《かご》で去っていったという。この木槌は本人が国前寺《こくぜんじ》に納めたとされ、現在まで伝えられている。

また、一説には妖怪が何をしても平太郎が驚かなかったため、これでは修行を妨げられると考えた、山本の率いる妖怪たちは九州に下り、島々に渡るので今後怪異はなくなると告げたという。

ベストセラーになった妖怪物語

この妖怪騒動は平太郎自身が著したとされる『三次実録物語《みよしじつろくものがたり》』や、聞き書きした記録

山本五郎左衛門に出会う！
―稲《いの》生《う》武《ぶ》太《だ》夫《ゆう》碑《ひ》―

『稲生物怪録』の舞台となった、広島県北部に位置する市。
主人公となった平太郎が最後に山本五郎左衛門から与えられた木槌も実在し、『稲生物怪録』の原本は現在、市教育委員会が預かり歴史民俗資料館が管理している。町の中には平太郎こと稲生武太夫の碑など、物語にまつわる史蹟が残る。
（広島県三次市）

をまとめたとされる『稲生物怪録』などの本になって出回り、遠く離れた江戸まで広まった。絵巻も加え、これらの本の写本には現存するものが多いことから、かなりの数が出回ったと考えられる。いわば当時のベストセラーであった。

なにしろ、それまでの怪異ものは過去の出来事や伝承をもとにしているのだが、こちらは生きている人間の体験談である。それだけに生々しく、妖怪たちの様子も新鮮なものに映ったのであろう。

当時の国学者、平田篤胤《ひらたあつたね》もこの点に注目し、幽界《ゆうかい》や冥界《めいかい》についての研究を始めるきっかけになった。後世の泉鏡花《いずみきょうか》、折口信夫《おりくちしのぶ》、稲垣足穂《いながきたるほ》なども関心を持っていたという。こうしたことから、今も続く稲生家には、妖怪関連の古文書が多数伝わっているそうである。

ぬらりひょん

ぬらりくらりとつかみどころのない妖怪

ご隠居といった雰囲気のぬらりひょん

もうひとりの「親玉」

「ぬらりひょん」という妖怪は鳥山石燕《とりやませきえん》の『画図百鬼夜行』では「ぬうりひょん」という名前になっている。上品な着物を着て、はげあがった後頭部がやけに大きい老人の姿は、どこか裕福な商家の旦那、ご隠居《いんきょ》といった風情《ふぜい》だ。

やることも妖怪らしくない。人が忙しい間に勝手に家に上がり込んで、のんきに茶をすすったり、タバコを吸ったりして、来た時と同じようにふらりとどこかへ去っていく。

一方、岡山県の瀬戸内海に現われる「ぬらりひょん」は海に浮かぶ人の頭くらいの丸い

「妖怪の総大将」ぬらりひょんの誕生

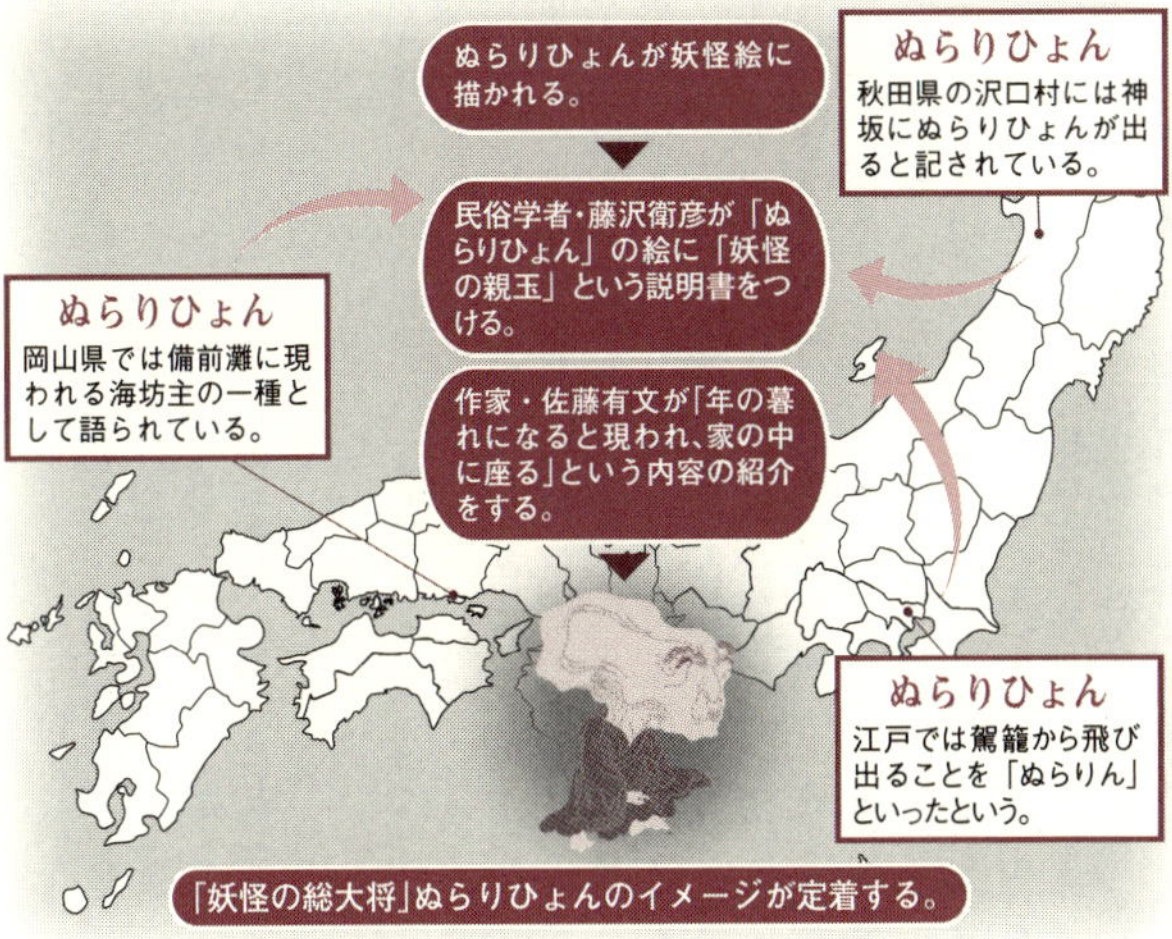
ぬらりひょんが妖怪絵に描かれる。
民俗学者・藤沢衛彦が「ぬらりひょん」の絵に「妖怪の親玉」という説明書をつける。
作家・佐藤有文が「年の暮れになると現われ、家の中に座る」という内容の紹介をする。
「妖怪の総大将」ぬらりひょんのイメージが定着する。
ぬらりひょん
秋田県の沢口村には神坂にぬらりひょんが出ると記されている。
ぬらりひょん
岡山県では備前灘に現われる海坊主の一種として語られている。
ぬらりひょん
江戸では駕籠から飛び出ることを「ぬらりん」といったという。

玉で、取ろうとするとぬらりくらりと浮き沈みして人をからかうという。また、浮世草子《うきよぞうし》『好色敗毒散《こうしょくはいどくさん》』では、「鯰《なまず》に目も口もないようなぬらりひょんとした形」と記されている。

「ぬらりひょん」という名だが、「ぬらり」は滑らかでよくすべる様子を表わし、「ひょん」は思いがけない、意外といった意味がある。つまり、ぬらりくらりとつかみどころがない妖怪といった意味であろう。

そんなぬらりひょんは、よく「妖怪の総大将」といわれるが、特別な由来があるわけではない。これは、後世の民俗学者・藤沢衛彦《ふじさわもりひこ》が『妖怪画談全集《ようかいがだんぜんしゅう》』に収録された絵に「妖怪の総大将」と説明書をつけたため、一気に総大将へと格上げされてしまったことによる。

【参考文献】

『日本の神々の事典―神道祭祀と八百万の神々』薗田稔・茂木栄、『妖怪伝説奇聞』東雅夫、『水木しげるの憑物百怪』水木しげる、『妖怪の本』（以上、学習研究社）／『水木しげるの妖怪事典』『水木しげるの続・妖怪事典』以上、水木しげる、『日本史のなかの動物事典』金子浩昌・小西正泰・佐々木清光・千葉徳爾、『神話伝説辞典』朝倉治彦ほか編、『民間信仰事典』桜井徳太郎（以上、東京堂出版）／『妖怪と楽しく遊ぶ本』『図説江戸東京怪異百物語』湯本豪一、『怪異の民俗学1　憑きもの』『怪異の民俗学2　妖怪』小松和彦、『図説日本の妖怪』岩井宏實監修・近藤雅樹編、『図説遠野物語』石井正己（以上、河出書房新社）／『読む・知る・愉しむ　民俗学がわかる事典』新谷尚紀編著、『早わかり江戸時代』河合敦（以上、日本実業出版社）／『別冊太陽　幽霊の正体』、『風土記』吉野裕、『クジラ・ウォッチング』中村庸夫（以上、平凡社）／『にっぽん妖怪地図』阿部正路・千葉幹夫編、『日本妖怪大事典』水木しげる画・村上健司編著（以上、角川書店）／『妖怪図巻』京極夏彦文・多田克己解説・編、『絵本百物語―桃山人夜話―』多田克己編（以上、国書刊行会）／『日本伝説体系　第二巻』野村純一、『日本伝説体系　第五巻』宮田登編、『日本伝説体系　第七巻』渡邊昭五、『日本伝説体系　第十巻』荒木博之編（以上、みずうみ書房）／『武光誠の怪談学』武光誠（青春出版社）／『図説未確認生物事典』笹間良彦（柏美術出版）／『図解雑学こんなに面白い民俗学』八木透・政岡伸淳（ナツメ社）／『江戸の闇　魔界めぐり　怨霊スターと怪異伝説』岡崎柾男（東京美術）／『百鬼解読』多田克己（講談社）／『狐の日本史』中村禎里（日本エディタースクール出版部）／『とうほく妖怪図解』山口敏太郎（無明舎）／『水木しげるの日本妖怪めぐり』水木しげる（白峰社）／『妖怪事典』村上健司（毎日新聞社）／『ふるさとの伝説四　鬼・妖怪』伊藤清司監修（ぎょうせい）／『日本の民話300　旅先で聞いた昔話と伝説』池原昭治（木馬書館）／『名城の日本地図』西ヶ谷恭弘・日弁貞夫（文藝春秋）／『江戸時代「生活・文化」総覧』（新人物往来社）／『井上円了妖怪学講義』平野威馬雄編著（リブロポート）／『山漁村生活史事典』秋山高志・林英夫ほか（柏書房）／『日本と西洋の妖怪比べ　妖怪伝説話集』角田義治（幹書房）／『図表でみる江戸・東京の世界』（江戸東京博物館）／『江戸東京物語』（新潮社）／『墨田区の歴史』山本純美・東京にふる里をつくる会編（名著出版）／『自然の怪異―火の玉伝承の七不思議』角田義治（創樹社）／『怪異・妖怪百物語～異界の社への誘い～』小松和彦（明治書院）／『東京の噂話』野村純一（大修館書院）／『幻想動物事典』草野巧（新紀元社）／『河童の世界』石川純一郎（時事通信社）／『江戸武蔵野妖怪図鑑』山口敏太郎（けやき出版）／『天狗よ！　変革を仕掛けた魔妖』百瀬明治（文英堂）／『鬼の風土記』服部邦夫（創林社）／『蛇物語　その神秘と伝説』笹間良彦（第一書房）／『新・日本伝説100選』村松定孝（秋田書店）／『鬼ものがたり　鬼と鉄の伝承』大橋忠雄（明石書店）／『日本民俗文化資料集成第八巻　妖怪』谷川健一（三一書房）／『幽霊　メイド・イン・ジャパン』暉峻康隆（桐原書店）／『日本妖怪異聞録』小松和彦（小学館）

〈本書は二〇〇八年『図説 地図とあらすじで読む 日本の妖怪伝説』として小社よりB5判で刊行されたものに加筆・修正したものです。〉

青春新書 INTELLIGENCE

こころ涌き立つ「知」の冒険

いまを生きる

〝青春新書〟は昭和三一年に――若い日に常にあなたの心の友として、その糧となり実になる多様な知恵が、生きる指標として勇気と力になり、すぐに役立つ――をモットーに創刊された。

そして昭和三八年、新しい時代の気運の中で、新書〝プレイブックス〟にその役目のバトンを渡した。「人生を自由自在に活動《プレイ》する」のキャッチコピーのもと――すべてのうっ積を吹きとばし、自由闊達な活動力を培養し、勇気と自信を生み出す最も楽しいシリーズ――となった。

いまや、私たちはバブル経済崩壊後の混沌とした価値観のただ中にいる。その価値観は常に未曾有の変貌を見せ、社会は少子高齢化し、地球規模の環境問題等は解決の兆しを見せない。私たちはあらゆる不安と懐疑に対峙している。

本シリーズ〝青春新書インテリジェンス〟はまさに、この時代の欲求によってプレイブックスから分化・刊行された。それは即ち、「心の中に自らの青春の輝きを失わない旺盛な知力、活力への欲求」に他ならない。応えるべきキャッチコピーは「こころ涌き立つ〝知〟の冒険」である。

予測のつかない時代にあって、一人ひとりの足元を照らし出すシリーズでありたいと願う。青春出版社は本年創業五〇周年を迎えた。これはひとえに長年に亘る多くの読者の熱いご支持の賜物である。社員一同深く感謝し、より一層世の中に希望と勇気の明るい光を放つ書籍を出版すべく、鋭意志すものである。

平成一七年

刊行者　小澤源太郎

監修者紹介

志村有弘〈しむら くにひろ〉

怪奇文学研究者・相模女子大学名誉教授・県立神奈川近代文学館評議員・日本文藝家協会会員。立教大学大学院修了。著書に『羅城門の怪』(角川学芸出版)、『陰陽師安倍晴明』『耳袋の怪』(角川ソフィア文庫)、『新編百物語』(河出文庫)、『悪霊祓い師物語』(大法輪閣)、『陰陽師列伝』(学習研究社)、監修に『図説 日本の魔界地図』(PHP研究所)、『妖怪・怪奇・妖人事典』(勉誠出版)、編纂に『怪奇・伝奇時代小説選集』全15巻(春陽堂)などがある。

図説《ずせつ》　そんなルーツがあったのか！
妖怪《ようかい》の日本地図《にほんちず》

青春新書
INTELLIGENCE

2013年7月15日　第1刷

監修者　志《し》村《むら》有《くに》弘《ひろ》

発行者　小澤源太郎

責任編集　株式会社プライム涌光

電話　編集部　03(3203)2850

発行所　東京都新宿区若松町12番1号 〒162-0056　株式会社青春出版社

電話　営業部　03(3207)1916　振替番号　00190-7-98602

印刷・共同印刷　製本・ナショナル製本

ISBN978-4-413-04401-1

こころ涌き立つ「知」の冒険！

青春新書
INTELLIGENCE

大好評！青春新書の図説（2色刷り）シリーズ

図説

あらすじでわかる！

今昔物語集と日本の神と仏

小峯和明［監修］

羅城門の鬼、空海の法力、帝釈天と月の兎…
平安時代、末法の世に生まれた説話集
『今昔物語集』に託された
神仏の加護と人々の信仰の形とは…
日本人の祈りの原点にふれる1059の物語。

ISBN978-4-413-04356-4　1133円

図説

地図とあらすじでわかる！

古事記と日本書紀

坂本 勝［監修］

天岩屋、ヤマタノヲロチ伝説、天孫降臨、
神武東征、倭の五王、
継体天皇の即位、乙巳の変…
なるほど、そういう話だったのか！
「記紀」の違いから、日本人の原点を探る。

ISBN978-4-413-04222-2　930円

お願い　ページわりの関係からここでは一部の既刊本しか掲載してありません。折り込みの出版案内もご参考にご覧ください。

※上記は本体価格です。（消費税が別途加算されます）
※書名コード（ISBN）は、書店へのご注文にご利用ください。書店にない場合、電話または Fax（書名・冊数・氏名・住所・電話番号を明記）でもご注文いただけます（代金引替宅急便）。商品到着時に定価＋手数料をお支払いください。
〔直販係　電話03-3203-5121　Fax03-3207-0982〕
※青春出版社のホームページでも、オンラインで書籍をお買い求めいただけます。
ぜひご利用ください。〔http://www.seishun.co.jp/〕